KB266142

본질의
회복

본질의 회복

리커버리 처치

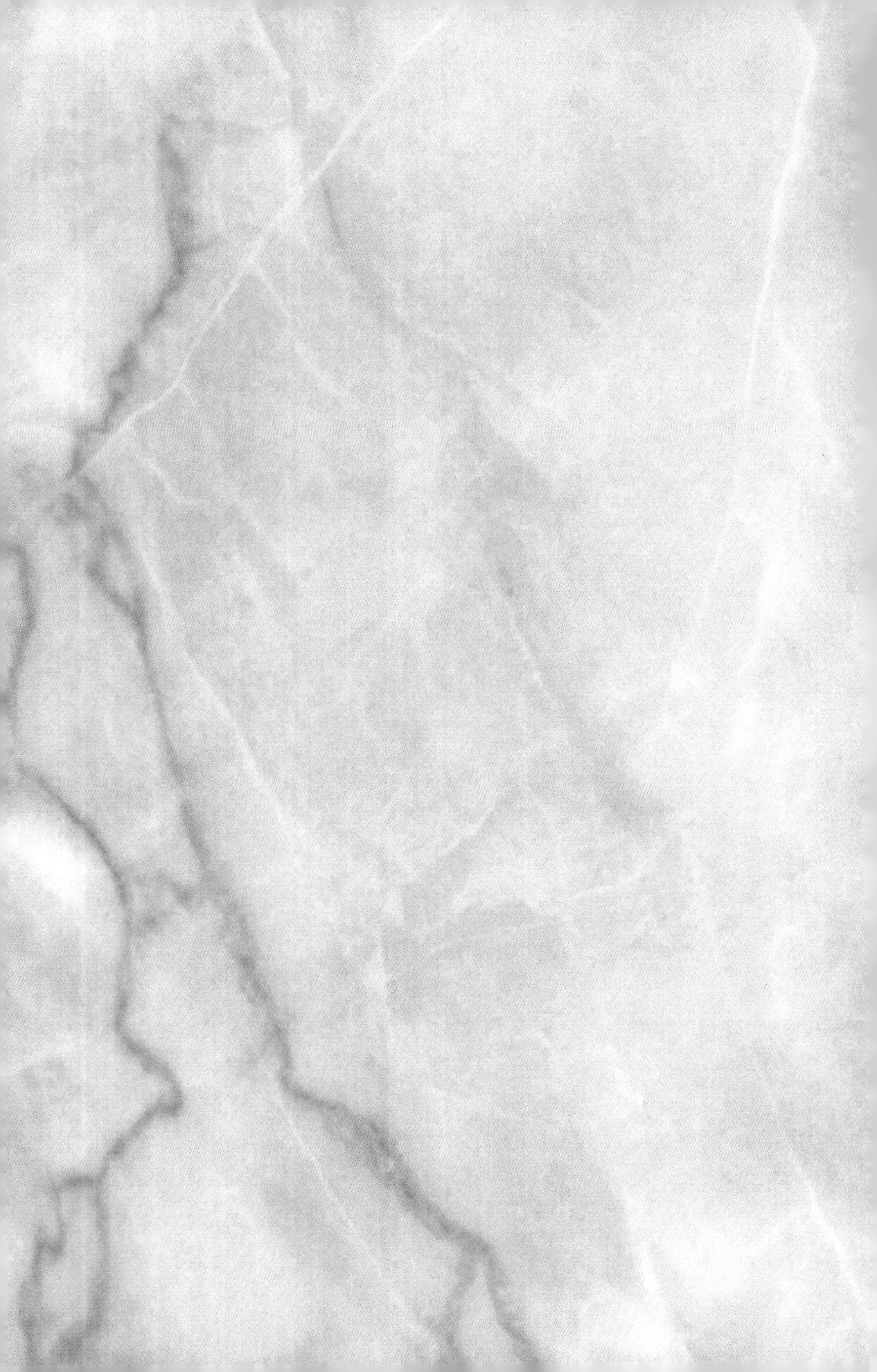

차례

　이 책을 쓰게 된 이유는 한국교회의 경적 성장을 위함입니다. 지금 한국교회는 여러 가지로 많은 어려움을 겪고 있습니다. 기복 신앙, 율법주의, 권위주의, 명목주의, 이단 문제 등등… 그뿐 아니라 교회의 분열과 목회자의 타락 문제 등으로 인해 많은 성도님들이 상처를 받기도 하고 여러 가지로 혼란을 겪고 있는 상황입니다. 물론 위에 열거한 문제들의 원인을 여러 가지 측면에서 접근해 볼 수 있겠지만, 이러한 문제들의 가장 큰 원인은 영성의 부재입니다. 정말 하나님을 깊이 사랑하는 마음이 있다면 이런 일들이 생기는 것이 오히려 더 어려운 일이기 때문입니다. 이 책을 통해 한국교회가 영적으로 한층 더 성장하고, 건강한 모습으로 회복되기를 기도합니다.

Part
1

||||||||||||||||||||||||||||||||||||||||||||||||||||||||||||||||||

개인의 영성

1. 말씀과 기도

영성의 가장 기본은 말씀과 기도입니다. 마치 우리의 몸이 숨을 쉬고 밥을 먹어야 살아갈 수 있는 것처럼 우리는 영적으로 말씀과 기도를 통해 숨을 쉬고 양식을 공급받을 수 있게 됩니다. 그런데 많은 분들이 식사는 거르지 않으면서도 영적인 양식은 너무나 쉽게 거르는 모습을 볼 수 있습니다. 물론 제가 모든 성도님들의 삶의 애환을 다 알 수는 없기 때문에, 여러 가지 상황과 환경 속에서 말씀과 기도의 자리를 날마다 지켜간다는 것이 어떤 농도인지 감히 다 헤아릴 수는 없을 것입니다. 하지만 어떤 상황이라 할지라도 우리가 신앙생활에서 말씀과 기도를 통해 하나님과 고제하는 것을 소홀히 여기거나 잃어버리게 된다면, 하나님과의 깊은 관계로 나아갈 수 없을 뿐만 아니라 극단적인 경우에 잘못된 길로 빠지기도 하고 아예 신앙을 떠나 버리게 될 수도 있습니다. 특히 교회 안에서 주로 신앙생활을 하는 전임 사역자인 경우, 이런 문제에 대한 위험성은 더욱 커집니다. 주로 세상에서 신앙생활을 하는 사람들은, 하나님의 뜻대로 살면 살수록 많은 것을 잃어버릴 가능성이 높습니다. 그렇기 때문에 하나님과의 관계가 멀어지고 있는 자신의 모습을 비교적 쉽게 알아차릴 수 있습니다. 하지만 반대로 전임 사역자의 경우는 (경우에 따라 다르겠지만) 하나님의 뜻대로 살면 살수록 많은 것을 얻게 될 가능성이 높습니다. 그렇기 때문에 어느새 교묘하게 사역이나 직분에 자신의 욕망이 투영되어서 하나님과 점점 멀어지고 있는 자신의 모습을 발견하는 것이 쉽지 않을 수 있습니다.

시간 정하기

　말씀과 기도의 시간을 정해서 날마다 지키시는 것을 추천해 드립니다. 아침 6시나 7시 등 날마다 똑같은 시간으로 정하는 것도 괜찮고, 꼭 그렇게 하지 않더라도 하루 30분, 1시간 등으로 시간을 정할 수 있습니다. 그리고 이러한 시간과 분량은 각 사람의 생활패턴, 하나님 앞에서 개인의 믿음, 신앙의 성장도, 하나님께서 인도하시는 방법과 시기 등에 따라 조금씩 달라질 수 있기 때문에 꼭 어떤 틀에 매이실 필요는 없습니다. 우선 말씀과 기도의 시간을 정하시고 날마다 생명과 같이 그 시간을 지키셔야 합니다. 가능하신 분이라면 이러한 시간을 아침에 갖는 것을 추천해 드립니다. 아침 시간을 지키는 것만의 유익이 있기 때문입니다.

공동체의 도움받기

특히 믿음이 연약한 지체인 경우에 공동체의 도움을 받는 것이 여러모로 유익합니다. 카톡 방을 만들어서 말씀을 읽고 주신 마음을 함께 나누거나, 서로 말씀과 기도의 시간을 체크해 주는 것도 도움이 될 수 있습니다.

2. 하나님과 동행하는 삶

하나님께서는 우리가 정해놓은 말씀과 기도의 시간뿐만 아니라 모든 시간에 우리와 동행하길 원하십니다.

쉬지 않고 기도하기

우리는 쉬지 않고 기도하는 것을 통해 매 순간 하나님과 동행할 수 있습니다. 보통 어떤 일을 처음 배울 때는 그것에 집중하고자 모든 주의를 다 기울여야 하지만 나중에는 자연스럽게 되는 일이 많은 것처럼, 쉬지 않고 기도하는 것도 이와 마찬가지입니다. 밥을 먹을 때나 일을 할 때나 쉬지 않고 기도하는 것을 계속해서 훈련하다 보면, 처음에는 잘 안되더라도 나중에는 점점 더 자연스럽게 될 것입니다. 혹 여러분이 이 훈련을 하시다가 자꾸 기도하는 것을 놓치게 될 때, (하나님께서 회개하는 마음을 주시는 상황이 아니라면) 지나치게 괴로워할 필요는 없습니다. 이것은 인간의 의지로만 되는 일이 아니라 하나님께서 하셔야 하는 일이기 때문입니다. 하나님께서 우리를 쉬지 않고 기도하는 사람으로 변화시켜 주실 것을 믿고, 넘어져도 다시 일어나서 계속 이 훈련을 해나가시면 됩니다.

하나님의 음성 듣기

하나님과 동행하는 삶은 일방적으로 하나님께 기도만 한다고 되는 것이 아니라 하나님의 음성을 들으며 서로 간의 교제가 있어야 합니다. 처음에는 주로 성경책이나 목회자분들의 설교를 통해 하나님의 음성을 듣겠지만, 나중에는 여러 가지 다양한 통로로 말씀하시는 하나님의 음성을 들을 수 있게 됩니다. 마음 가운데 들리는 음성, 누군가의 말, 자연환경, 그림이나 사물 등 하나님께서는 여러 가지 수단을 통해 우리에게 말씀하시는 분이십니다. 다만 여기서 주의할 점은 내가 지금 들은 음성이 성경의 내용과 일치하는지를 점검하는 것, 그리고 항상 잘못 분별했을 가능성을 열어 두는 것입니다. 처음에는 하나님의 음성을 어떻게 들어야 하는지 막막하고 또 여러 가지 시행착오들도 있겠지만, 계속해서 하나님의 음성에 귀를 기울이다 보면 점점 더 여러분의 귀가 열리게 될 것입니다.

하나님의 인도하심 받기

매 순간 하나님과 교제하는 것이 어느 정도 익숙해졌다면 이제는 구체적으로 하나님의 인도하심을 받는 삶이 훈련되어야 합니다. 하나님의 인도하심을 받는다는 것은, 우리의 마음뿐만 아니라 우리가 하는 실제적인 말, 생각, 결정 등 삶의 모든 부분들에 있어서 하나님께 여쭤보고 인도하심을 분별하여 순종한다는 것입니다. 이 부분에서 더 구체적으로 다뤄야 할 부분들이 많이 있지만, 여러분이 매 순간 성령님께

여쭤보며 한 걸음씩 인도하심을 따라갈 때 성령님께서 여러분 각 사람에게 필요한 것을 가르쳐 주시고 인도하시리라 믿습니다. 중요한 것을 한 가지만 말씀드리자면 무엇을 하든지 하나님께 더 자주, 그리고 구체적으로 여쭤보는 편이 안전하다는 것입니다.

시간 싸움

요즘 시대에 우리가 하나님과 동행하는 삶을 가장 방해하는 것 중 하나는 유튜브가 아닌가 싶습니다. 어떤 분들은 자신이 유튜브를 보면서도 항상 하나님과 교제하고 있고, 유튜브를 보는 것 자체는 죄가 아니니 괜찮다고 생각하실 수 있습니다. 하지만 우리의 마음을 조금 더 정직하게 들여다보려면, 우리가 하나님과 교제하는 일에 왜 굳이 세상 드라마나 가요 등이 필요한지에 대한 질문을 던질 수 있습니다. 여러분은 어쩌면 그런 것들을 통해 여러 가지 감각적인 만족을 얻고 싶은 것일 수 있습니다. (물론 경우에 따라 하나님께서 그런 것들을 보도록 허용하기도 하십니다.) 하지간 일반적인 상황에서 여러분이 유튜브를 보시려면, 설교나 예배 등 기독교 영상을 보는 것을 추천해 드립니다. 보통 세상 드라마나 가요에는 여러 가지 자극적인 요소나 세속적인 가치관들이 묻

어 있지만, 건강한 기독교 영상에는 중보기도와 기름부으심이 담겨 있습니다.

3. 순종의 결단

사복음서에는 한 부자 청년이 등장합니다. 그는 어려서부터 계명들을 지켜왔다고 말했지만. 재산을 가난한 자들에게 나눠주고 나를 따라오라는 예수님의 말씀에 심히 고민하다가 결국 예수님을 떠나갑니다. 하나님께서 우리에게 어떤 말씀을 하시든지 무조건적으로 순종하겠다는 결단이 없다면 우리의 결말도 이와 같을 수 있습니다. 물론 결단을 한다고 해서 다 그렇게 살 수 있는 것은 아니지만, 최소한 이러한 결단이 없다면 우리의 신앙의 여정에 있어서 계속 걸림돌이 될 것입니다. 아울러 우리가 이런 결단을 할 수 있는 이유는, 나의 의지가 강하거나 현재 나의 믿음의 수준이 높기 때문이 아니라 하나님을 신뢰하기 때문에 드릴 수 있는 결단입니다. 하나님께서는 전능하시며 우리를 창조하신 분이시기 때문에, 극한의 상황이 오면 우리의 체질까지도 단숨에 바꾸실 수 있는 분이십니다.

4. 그리스도와의 연합

앞서 언급한 순종의 결단의 과정을 지나고 나면 신앙의 교만에 빠지는 경우가 종종 있습니다. 하지만 그 단계는 일반적으로 신앙의 여정에서 초반 단계에 속하는 영역입니다. 순종이냐 불순종이냐 50 대 50의 싸움에서 이기겠다고 결단한 것일 뿐입니다. 그 이후에는 그리스도와 연합하는 과정을 거치며 50 대 50이 아닌, 점점 세상 것들이 배설물로 여겨지고 여러 가지 영역에서 승리하는 단계로 나아가야 합니다.

5. 더 깊은 정화의 과정

꽤 많은 분들이 그리스도와의 연합에 대해 생각할 때 돈, 명예, 음란 등의 몇 가지 우상들을 버리고 나를 화나게 하는 사람을 용서하는 정도의 차원으로만 생각하시는 것 같습니다. 하지만 우리가 그리스도와의 더 깊은 연합의 관계로 들어가려면 버려야 할 것들이 정말 많습니다. 하나님을 사랑하는 나의 자아상, 성취욕, 게으름, 사랑받고 싶은 마음, 타인의 고통을 즐기는 악의, 안목의 정욕, 인간이나 동물 등에 대한 각종 숭배 욕구, 가족 등 타인에 대한 동일시, 지식의 유희, 재미 추구, 식탐, 이기심, 자기 연민, 연애 감정, 영적 기쁨에 대한 추구, 자극적인 것을 통한 도파민 중독, 감성 자극, 미움받는 것을 두려워하는 마음, 보람을 느끼고자 하는 자기만족, 하늘 상급, 평안, 행복 등등… 물론 이것들 중에는 때에 따라 하나님 안에서 건강하게 누릴 수 있는 부분도 있지만 그 영역마저도 얼마든지 하나님 앞에서 우상이 될 수 있습니다.

6. 고난을 갈망하는 단계

이 단계에 대해 살펴보기 전에, 먼저 여러분이 이 단계에 이르지 못했다고 해서 위축되는 마음을 느낄 필요는 없습니다. 우리는 우리의 믿음의 성장이 하나님께서 각 사람에게 주신 믿음의 분량에 달려 있는지, 아니면 인간의 자유의지적인 반응에 달려 있는지 그 비중조차도 알지 못합니다. 우리는 그저 우리에게 가르쳐 주신 만큼 최선을 다할 뿐이고 그것이면 충분합니다. 그러나 우리 편에서 그리스도와의 더 깊은 연합을 갈망하는 마음은 매우 중요합니다. 사복음서에 씌

뿌리는 비유를 보면 똑같이 좋은 땅에 떨어졌는데 어떤 것은 백 배, 어떤 것은 육십 배, 어떤 것은 삼십 배로 열매를 맺었다고 기록되어 있습니다. 이 말씀이 주님을 향한 우리의 갈망을 의미한다고 해석해 본다면, 우리는 그분을 갈망하는 만큼 삼십 배, 육십 배, 백 배로 그분과 더 깊이 하나가 될 수 있을 것입니다.

순전함

고린도전서 13장 말씀에 의하면, 인간은 얼마든지 자아를 사랑하는 마음으로 자신의 몸을 타인에게 불사르도록 내어 줄 수 있습니다. 그러나 그것이 사랑의 동기가 아니라면 아무런 의미가 없습니다. 그래서 이 단계에 이르기 위해 선제되어야 하는 것이 순전함입니다. 만약 어떤 사람이 자기 의나 신앙의 교만이 가득 찬 상태에서 주님을 위한 고난을 갈망한다고 해도, 불순물들이 사라진다면 그 사람은 고난당하는 것을 끔찍이도 싫어하는 자신의 모습을 보게 될 수밖에 없습니다.

지속성

특별한 은혜를 받아서 감정이 자극되는 경우, 주님을 위해 어떤 고난의 자리든지 가고 싶은 마음이 들 수 있습니다. 하지만 그것이 자신의 실제 믿음이 아니라면, 대부분 그러한 마음들은 오랜 기간 지속되지 않고 금방 사라집니다. 또한 "힘들었지만 주님을 위해 고생하고 순종했던 시기가 행복했다"거나, "주님이 말씀하시면 어떤 고난의 자리든지 갈 수 있다"라는 마음만으로 자신이 이 단계에 이르렀다고 섣불리 단정할 수 없습니다. 정말 이 단계에 이른 사람들은 그리스도를 위해 고난받는 것을 자신의 최고의 행복으로 여기게 됩니다. 물론 우리는 육신을 입고 있기 때문에 아무리 믿음이 좋더라도 인간이 견딜 수 있는 한계 이상의 고통이 오면, (하나님께서 특별한 능력을 주시지 않는 한) 고난을 행복해하기보다 단지 그 자리에서 인내하고 순종하는 것 밖에 할 수가 없습니다. 예수님께서도 완벽한 믿음을 가지신 분이었지만 육신을 입고 이 땅에 오셨기에, 십자가 지시기 전날 밤 말할 수 없는 고통과 두려움 앞에서 절규하며 순종의 길을 걸어가셨습니다. 하지만 그러한 한계 앞에 서 있는 경우가 아닌 이상, 이 단계에서 믿음이 성장할수록 처음에는 작은 고난도 어렵게 순종하는 연약한 믿음에서부터 시작해서 점점 더 고난을 의연하게 인내하게 되고, 기뻐하고 즐거워하게 되고, 나중에는 고난을 더 갈망하며 행복으로 여기는 단계에까지 이르게 됩니다. 만약 여러분에게 이 영역에 대해서 주시는 마음이 있다면, 삶의 자리에서 아주 작은 고난을 기뻐하는 것부터 시작하시는 것을 추천해 드립니다. 꼭 커다란 고통이나 외부적인 핍박이 아니더라도, 작은 것부터 순종하다 보면 점점 더 믿음이 성장하게 될 것입니다. 그리고 혹 이 과정을 지나고 계시다면, 작은 고난에도 승리하지 못하는 스스로의 모습을 고난당하는 다른 여러 성도들과 비교하며 낙망하지 않으셨으면 좋겠습니다. 사람마다 육체적으로나 정신적으로 감당할 수 있는 고통의 범위도 다르고, 하나님께서 때에 따라 기적적으로 역사하시는 경우도 있고, 순전함의 농도도 다 다르기 때문에 단순히 외적으로만 비교할 수 있는 부분은 아닙니다.

7. 기름부으심을 갈망하라

어떤 분의 설교를 들으면 뭔가 알 수 없는 권위가 느껴지거나 말씀에서 힘이 느껴지는 것 같은 경험을 해보신 분이 계실 것입니다. 물론 우리가 느껴지는 것만으로 모든 것을 다 분별하는 것은 위험하겠지만, 이런 경우 그 설교자분에게 하나님의 기름부으심이 있는 것으로 추측해 볼 수 있습니다.

기름부으심이란?

기름부으심이란 한 문장으로 표현하면 "하나님께서 어떤 사람을 내세우심, 혹은 자랑하심"이라고 표현할 수 있을 것 같습니다. 한 예로 어떤 사람이 예배를 인도하느냐에 따라 분위기가 냉랭해지거나, 반대로 그 공간이 하나님의 임재가 가득한 곳이 되기도 합니다. 이것은 하나님께서 "이 사람이 이렇게 나를 사랑하는 사람이다"라고 그 사람에게 기름을 부어주시고 높여주시는 것으로 볼 수 있습니다.

기름부으심의 두 가지 요소

이러한 기름부으심을 받을 수 있는 두 가지 요소 중 첫 번째는 하나님을 사랑하는 마음입니다. 모든 사람의 마음 중심 깊은 곳까지 보고 계시는 하나님께서는 진정으로 자신을 사랑하는 사람에게 기름을 부어주십니다. 기름부으심의 두 번째 요소는 자신의 사명의 자리에 있는 것입니다. 비슷한 영성의 단계에 있는 두 사람이 있다고 가정할 때, 다른 영역에 사명을 받은 사람이 설교를 하는 것과 설교에 사명을 받은 사람이 설교를 하는 것에는 차이가 있을 수밖에 없습니다.

물론 꼭 설교에 사명이 없더라도 하나님의 인도하심에 순종하여서 설교를 했다면 하나님께서 역사하십니다. 하지만 일반적으로 사명을 받은 사람이 설교를 할 때에 부어지는 은혜를 따라가기는 어렵습니다. 각 사람은 하나님께서 자신을 부르신 사명의 자리에서 가장 빛나게 되는 것입니다.

기름부으심을 왜 갈망해야 하는가?

우리가 기름부으심을 갈망해야 하는 이유는, 은혜의 통로가 되는 것이기 때문입니다. 내가 예배를 인도할 때마다 청중들이 평소보다 더 깊은 하나님의 임재 속에서 하나님을 예배하게 되고, 내가 설교를 할 때마다 청중들이 평소보다 더 큰 은혜와 감동을 받는 모습을 볼 때, 우리는 주님의 기쁨에 참여하게 되는 것입니다. 그리고 이러한 기름부으심은 꼭 교회 안에서만 일어나는 일이 아닙니다. 교육의 현장에서 누군가를 가르칠 때 사람들의 마음을 감동시키는 교사가 있을 수 있고, 혹은 세상에서 어떤 공연을 할 때마다 사람들의 마음에 평안과 쉼을 주는 가수가 있을 수 있습니다.

드러나지 않는 경우

예를 들면 어떤 사람은 중보기도에 사명이 있을 수 있습니다. 물론 유명한 중보기도 사역자분들도 계시지만, 대체로 이러한 사명을 받은 사람들은 대외적으로 잘 드러나지 않는 것 같습니다. 그런데 보통 이런 경우, 주변에서 오랫동안 지켜봤던 사람들은 여러분이 부르신 자리에서 사명을 충실히 잘 감당하고 있는지 아닌지를 알게 됩니다. 물론 예외적인 경우들도 있겠지만 하나님께서는 자신을 위해 낮아진 사람들을 높여주시고, 오히려 사람들의 마음속에 오랫동안 남게 하십니다.

8. 개인적인 간증

하나님께서 어느 날 제게 세 분의 영적 거장들(잔느 귀용, 로렌스 형제, 리처드 웜브란트)을 보여주시면서 그들의 영적 단계로 저를 이끌겠다고 말씀해 주셨습니다. 처음에는 형편없는 저의 믿음의 모습 때문에 '내가 어떤 영적인 탐욕 때문에 하나님의 음성을 잘못 분별했겠지'라고 생각하다가, 계속해서 그 마음을 주신다는 생각이 들어 여러 분별 과정을 거쳐서 하나님의 음성임을 확증하게 되었습니다. 그리고 얼마 뒤에 하나님께서 제가 그들보다 더 깊은 영성으로 나아오게 될 거라고 말씀하시며 라 콩브 신부님을 보여주셨고, (잔느 귀용의 말에 의하면 라 콩브 신부님은 귀용보다 더 깊은 영성에 도달한 사람입니다.) 또 조금 더 시간이 흐른 뒤에는 라 콩브 신부님보다 더 깊은 곳을 바라보라고 하시며 계속해서 한 걸음씩 더 깊은 곳으로 초대하고 계시는 것 같습니다. 그리고 그 초대에 맞게 하나님께서는 제 삶에 끊임없이 여러 가지 고난들을 허락하셨습니다. 여러 가지 고난의 시간들을 지나면서 한 가지 배우게 된 것은 어떠한 영적 거장이 대단한 것이 아니라 그들 안에 계셔서 모든 일을 이루시는 예수님께서 위대하신 분이라는 것이었습니다. 물론 각 사람이 하나님 앞에 전심으로 드린 순종은 너무나 귀하고 값진 것입니다. 하지만 어떤 사람이 집중되고 주목되기보다는 오직 하나님께서 모든 영광을 받으셔야 함을 믿고, 저도 그것을 진정으로 원합니다.

**Part
2**

교회의 개혁

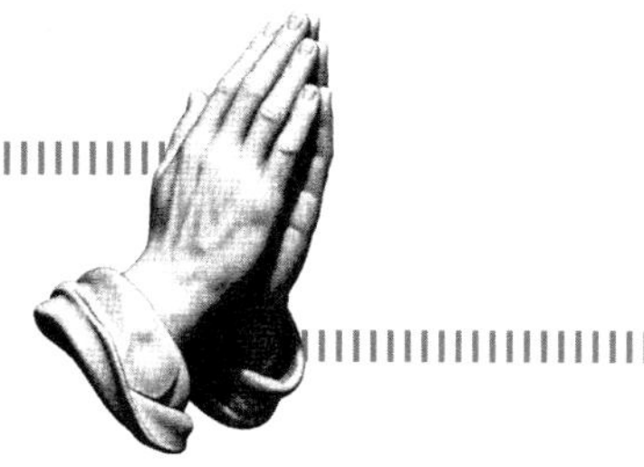

1. 사고의 틀 깨기

그들을 보시며 이르시되 그러면 기록된 바 건축자들의 버린 돌이 모퉁이의 머릿돌이 되었느니라 함이 어찜이냐 무릇 이 돌 위에 떨어지는 자는 깨어지겠고 이 돌이 사람 위에 떨어지면 그를 가루로 만들어 흩으리라 하시니라 (눅 20:17~18)

그러므로 믿는 너희에게는 보배이나 믿지 아니하는 자에게는 건축자들이 버린 그 돌이 모퉁이의 머릿돌이 되고 또한 부딪치는 돌과 걸려 넘어지게 하는 바위가 되었다 하였느니라 그들이 말씀을 순종하지 아니하므로 넘어지나니 이는 그들을 예수님께서 믿지 아니하는 자들에게 부딪치는 돌과 걸려 넘어지게 하는 바위가 되신 것처럼 저는 한국교회에 조금이나마 이런 역할을 하고 싶습니다. 혹 여러 가지 비난과 오해를 받더라도 기존에 성경과 일치하지 않는 여러 가지 생각들을 깨부수고 많은 사람들의 생각을 진리로 바꾸길 원합니다.

신학

제가 경험한 한국교회의 분위기는 목회나 사역을 하려면 신학을 필수적으로 해야 한다는 분위기였습니다. 물론 신학을 하는 것만의 유익이 반드시 존재할 것입니다. 하지만 본질적인 측면에서 보면 신학은 필수적인 것이 아니라 하나의 방법일 뿐입니다. 어떤 분들은 신학을 공부하지 않은 사람이 목회나 사역을 할 수 있게 된다면, 신학적 지식의 부재로 인해 성도들을 오도할 수 있는 부분을 염려하시는 것 같습니다. 하지만, 사실 성도들을 올바른 길로 인도하는 일에 있어서 그보다 더 본질적이고 절대적으로 중요한 것은 하나님과의 관계입니다. 아무리 신학적 지식이 많더라도 하나님과의 관계가 부족하면 성도들을 오도할 확률이 높지만, 반대로 하나님과의 깊은 관계가 있으면 신학적 지식이 부족하더라도 성도들을 올바른 길로 인도하게 됩니다. 또 어떤 분들은 신학 학위가 없는 사람도 목회를 할 수 있게 된다면 거짓 선지자의 등장으로 인해 성도들이 미혹 당하는 문제, 그리고 목회자의 권위가 추락하는 등의 문제를 염려하실 거라 생각됩니다. 저도 이러한 이유로 신학 학위 체제의 필요성에 대해 어느 정도 동의합니다. 하지만 그 역시 한 가지 측면에서의 필요성이지, 절대적인 것이 아닙니다. 제가 말씀드리고 싶은 것은 신학 학위가 없더라도 어떤 사람의 메시지와 삶을 분별했을 때, 하나님의 부르심을 받은 사람인 것으로 분별이 된다면 교회는 그 사람을 인정할 수 있어야 한다는 것입니다. 또 선교 현장에서도 선교사가 신학을 하는 것이 좋은지, 하지 않는 것이 좋은지에 대해 여러 의견이 분분한 것으로 알고 있습니다. 물론 여러 가지 견해들이 있을 수 있겠지만, 사실 정확한 답은 하나님께서 각 사람을 인도하시는 길로 가는 것입니다. 어떤 분들은 신학을 하느냐 하지 않느냐 등 여러 가지 상황 앞에서 결정을 할 때, 하나님의 말씀으로 자신의 마음을 점검하고 하나님께서 기뻐하실 것 같은 길을 선택하라고 가르치십니다. 물론 그 말이 완전히 틀린 말은 아닐 수 있겠지만 성령님께서는 우리의 삶을 너무나 세밀하게 인도하시는 분이십니다. 그렇기 때문에, 우리는 내가 보기에 하나님께서 기뻐하실 것 같은 곳으로 가야 하는 것이 아니라 성령님께서 인도하시는 곳으로 가야 하는 것입니다.

성경 해석법

성경을 해석할 때 또 다른 성경 구절과 비교해 보고, 앞뒤 문맥을 살피고, 원어의 의미나 시대적 배경을 찾아보는 등 여러 가지 성경 해석의 방법들이 다 필요하다고 생각합니다. 하지만 가장 중요하고 본질적인 것은 성령님께 여쭤보고 성령님의 가르치심을 받는 것입니다. 제시 펜 루이스는 자신의 저서에서, 성령님께 여쭤보며 성경을 해석했을 때 나중에 알고 보니 그 해석이 원어의 의미와 일치했던 경험들을 나눕니다. 성령님께서는 성경의 저자이시기 때문에 우리에게 필요한 모든 것을 가르쳐 주실 수 있는 분이십니다. 우리가 성령님께서 가르쳐 주시지 않으면 아무것도 알 수 없다는 겸손한 마음으로 성경을 볼 때에야, 위에 말씀드린 여러 가지 방법들이 비로소 우리에게 커다란 유익으로 다가오게 되는 것입니다. 혹 성령님께서 우리에게 가르쳐 주지 않으시는 것은 우리에게 지금 필요하지 않다는 의미일 것입니다. 그런 부분들은 자신의 생각으로 억지로 풀려 하기보다는 "중립"에 놓고 신앙생활을 하시면 됩니다.

멘토

신앙생활을 하다 보면 멘토가 필수적이라는 말을 종종 듣게 됩니다. 물론 멘토가 있을 때의 유익이 있고 하나님께서 많이 사용하시는 방법이기도 합니다. 하지만 본질적으로 보면 우리에게 멘토가 절대적으로 필요한 것은 아닙니다. 오직 성령님만이 우리의 진정한 멘토이시기 때문입니다.

보혜사 곧 아버지께서 내 이름으로 보내실 성령 그가 너희에게 모든 것을 가르치고 내가 너희에게 말한 모든 것을 생각나게 하리라 (요 14:26)

너희는 주께 받은 바 기름 부음이 너희 안에 거하나니 아무도 너희를 가르칠 필요가 없고 오직 그의 기름 부음이 모든 것을 너희에게 가르치며 또 참되고 거짓이 없으니 너희를 가르치신 그대로 주 안에 거하라 (요일 2:27)

가장 중요한 것은 우리에게 멘토가 있든지 없든지 상관없이 항상 하나님의 음성에 귀를 기울이려는 마음입니다. 하나님께서 어떤 때에는 멘토를 통해서 우리를 가르치실 수도 있지만, 때로는 우리 자신보다 믿음이 더 연약한 사람을 통해서도 우리에게 말씀하시고 가르치실 수 있는 분이십니다. 다만 한 가지 주의할 점은, 항상 말씀을 잘못 분별했을 수 있다는 가능성을 두고 때에 따라 영적 지도자나 동역자들을 통해 겸손하게 분별을 받으려는 태도가 필요합니다. 그렇지 않다면 스스로가 하나님의 음성에 귀를 기울이고 있다고 착각하면서 자신도 모르는 사이에 독불장군이 되어 버릴 수 있습니다.

주일 성수

한국교회 안에서 오랜 시간 동안 주일 성수가 마치 필수인 것처럼 전해져왔던 것 같습니다. 하지만 엄밀히 말하면 주일 성수는 귀중한 하나의 전통인 것이지, 본질적인 것은 아닙니다.

> 어떤 사람은 이 날을 저 날보다 낫게 여기고 어떤 사람은 모든 날을 같게 여기나니 각각 자기 마음으로 확정할지니라 (롬 14:5)

우리는 주일 성수 하나에 생명을 거는 사람들이 아니라, 매 순간 하나님의 모든 말씀에 생명을 거는 사람들입니다.

그래서 하나님께서 어떤 사람에게 매주 주일 성수에 생명을 걸라고 말씀하신다면 그렇게 하면 되는 것이고, 또 어떤 사람에게 주일 예배를 드리는 대신 소외된 한 사람에게 가서 복음을 전하라고 말씀하신다면 그대로 순종하면 되는 것입니다. 그러나 일반적인 경우에, 그리고 아직 믿음이 연약하신 분이라면 매주 주일 성수를 하는 것이 건강하고 안전한 신앙일 것입니다. 어떤 분들은 이런 메시지가 성도들이 주일을 지키는 것을 타협하게 만든다는 우려를 하실 수도 있습니다. 하지만 하나님께서는 로마서 8장 1~2절 말씀에서 우리에게 더 이상 정죄함이 없다는 말씀이 사람들에게 얼마나 많은 타협의 여지가 될 것을 아시고도 그 사실을 숨기지 않으셨습니다. 대신 로마서 6장 1~2절 말씀을 주셔서 은혜를 더하게 하려고 죄에 거할 수 없다는 말씀으로 그 부분을 보완해 주셨습니다. 물론 때에 따라 강조되어야 하는 부분이 다르겠지만, 만약 어떤 진리의 메시지가 성도를 타협하게 만들었다면 그 책임은 진리를 선포한 자에게 있는 것이 아니라 그 진리를 타협한 성도에게 있는 것입니다. 단순히 어떤 한 가지 측면의 위험성 때문에 정확한 진리가 왜곡되어서는 안 됩니다.

미래에 대한 예언

제가 어릴 때만 해도 수많은 예언들이 한국교회 내에서 유행했던 것으로 기억합니다. 아마 어떤 것들은 진실이었을 수 있고, 또 어떤 것들은 잘못 분별됐거나 혹은 거짓 선지자들의 속임이었을 수 있습니다. 성경을 보면 하나님께서 미래의 일을 우리에게 미리 알리시고, 언약을 성취하시는 내용들이 정말 많습니다. 그리고 하나님께서는 지금 이 시대에도 우리에게 그렇게 일하신다고 믿습니다. 하지만 제가 지금 여기서 강조하고 싶은 측면은 성령님께서 자신에게 직접 가르쳐 주신 것이 아니라면 그 어떤 사람의 예언도 받아들이지 말라는 것입니다. 우리에게는 누군가가 미래를 예언한 것을 받아들여야 할 의무가 없습니다. 여러 사람이 입을 모아 이야기했기 때문에, 또 "저 사람이 말한 거라면 틀림없이 사실일 것이다"라는 생각 때문에 역사적으로 얼마나 많은 사람들이 비진리를 그대로 받아들여왔습니까? 우리에게 꼭 필요한 것이라면 성령님께서 반드시 각 사람이 알아들을 수 있도록 가르쳐 주실 것입니다.

사명

한 예로 나라가 어려울 때 어떤 사람은 기도에 사명이 있고, 어떤 사람은 현장에서 싸우는 일에 사명이 있을 수 있습니다. 그리고 각 사람이 올바른 마음의 중심을 가지고 성령님의 음성에 한 걸음씩 순종해나갈 때, 모든 것을 보고 계시며 주관하시는 하나님께서 그분의 일을 친히 해나가십니다. 그런데 어떤 분들은 나라가 이렇게 어려운데 왜 무관심하느냐, 왜 함께 나와서 싸우지 않느냐며 무작정 사람들을 정죄하거나, 또 어떤 분들은 기도를 해야지 현장에서 그렇게 싸우는 것이 하나님의 방법이 맞느냐며 서로를 판단하는 일들이 있을 수 있습니다. 그러나 현장에서 싸우시는 분들은 사람들을 동원하는 일에 힘쓰고, 기도에 사명이 있으신 분들은 열심히 기도하면 되는 것입니다. 성령님께서 일하시는 방식에 대한 이해가 없다면 우리는 끊임없이 서로를 향해 손가락질을 하게 될 것입니다. 그것이 옳다고 생각하기 때문입니다.

좌로나 우로나 치우치지 말라

이 외에도 지금까지 한국교회 안에 "강대상에 올라가면 안 된다, 요가를 하면 안 된다"등등 여러 가지로 "이것은 반드시 이래야만 한다"라는 틀이 굉장히 많이 있었던 것 같습니다. 그러나 엄밀히 말해 그 자체를 무조건 금하는 것은 진리에 대한 건강한 적용이 아닙니다.

그런즉 너희 하나님 여호와께서 너희에거 명령하신 대로 너
희는 삼가 행하여 좌로나 우로나 치우치지 말고 (신 5:32)

신앙의 독립

우리의 믿음의 유일한 근거는 하나님이십니다. 만약 우리
의 믿음의 근거가 하나님께 있는 것이 아니라 그동안 목회자
분들이 해석해 주셨던 성경 내용, 혹은 내가 생각하고 해석
한 성경 내용이었다면 엄밀히 말해서 여러분의 모든 믿음의
근거를 재정립해야 합니다. 물론 신앙생활 초기에 신앙의 독
립이 이루어지기 전까지는 건강한 목회자의 도움을 받는 것
이 유익합니다. 하지만 어느 정도 신앙이 성숙해지고 각 사
람마다 하나님의 때가 되었다면, 자신의 경험과 생각 혹은
타인의 말을 의지하는 것이 아니라 성령님의 가르치심을 통
해 여러분의 믿음을 세워나가셔야 합니다.

2. 교회의 회복

건강한 개혁

어떤 분들은 이 책을 보시면서 굉장히 통쾌하고 속이 시

원한 것 같은 마음을 느끼실 수도 있습니다. 그런데 이런 경우 한 가지 점검해 보셔야 할 것이 있습니다. 그 통쾌한 마음의 근원이 정말 진리가 선포되었기 때문일 수도 있지만, 과거에 교회로부터 받았던 상처 때문일 수도 있기 때문입니다. 제가 모든 분들의 상처의 깊이를 다 헤아릴 수는 없겠지만 저도 교회생활을 하면서 상처를 받은 경험이 꽤 많기 때문에 그러한 마음들을 충분히 공감할 수는 있습니다. 하지만 우리가 계속해서 마음에 상처를 품고 있다면, 건강한 개혁을 하는 것에서뿐만 아니라 여러분의 삶에 있어서도 많은 걸림돌이 될 수 있습니다. 진짜 개혁을 한다는 것은 기존의 것들로부터 마음에 안 드는 것을 때려 부수며 자신이 받은 상처를 표출하는 것이 아닙니다. 먼저 내가 그리스도와 함께 십자가에 못 박힌 뒤에, 기존의 건강한 부분들은 유지하고 잘못된 부분들은 말씀 그대로 회복하는 것이 진정한 개혁이라고 믿습니다.

영웅에 대한 환상

역사를 보면 시대마다 여러 가지 잘못된 패러다임들이 존재해왔습니다. 그러나 하나님께서는 그때마다 "한 사람"을 보내셔서 그런 문제들을 해결하셨습니다. 그리고 사람들은 종종 그런 개혁자들을 영웅으로 추앙합니다. 그런데 여기에는 한 가지 짚어보아야 할 문제가 있습니다. 인간 안에는 타인을 숭배하고자 하는 욕구가 존재합니다. 그리고 이러한 인간 숭배 욕구뿐만 아니라 여러 가지 욕망들로 인해 어떤 사람이 우상화될 수 있고, 그것은 곧 그 사람을 지나치게 칭송하는 형태로 나타날 수 있습니다. 이렇게 되면 칭송을 하는 사람은 타인을 우상화하면서 자신의 욕망을 채우고, 칭송을 받는 사람은 자칫하면 그것에 마음이 빼앗겨서 소위 "영웅 놀이"에 빠지게 될 수 있습니다. 물론 이러한 위험은 누구에게나 도사리고 있지만, 일반적으로 유명하거나 높은 자리에 있는 사람들에게 더욱 큰 위협으로 다가옵니다. 만약 여러분이 이런 자리에 계신 분이라면 삼가 조심해 주시길 부탁드립니다. 또한 만약 여러분이 유명한 사람 혹은 리더를 섬기는 자리에 있다면, 한 인간에 대한 지나친 칭송은 자제해 주시면 감사하겠습니다. 그것이 그들을 파멸의 길로 이끌 수도 있기 때문입니다. 만약 어떤 사람이 자신의 사명을 잘 감당하고 있다면, 하나님 앞에 귀하게 쓰임 받은 영혼이라는 찬사로 충분한 것 같습니다. 또한 소위 하나님께 "크게" 쓰임 받은 사람이라고 해서 꼭 그 사람이 절대적으로 큰 역할을 했다고만 볼 수도 없는 것 같습니다. 한 사람이 그렇게 크게 쓰임 받기까지 그 한 사람을 위해서, 그리고 그 영역을 위해서 얼마나 많은 기도와 헌신이 뿌려졌는지 우리는 다 알지 못하기 때문입니다. 저도 개인적으로 한국교회의 회복에 크게 쓰임 받는 것에 대한 마음을 받았지만, 이 땅에 아주 오랫동안 뿌려진 순교의 피와 헌신과 눈물의 기도들을 거두는 역할일 뿐이라고 생각합니다.

각 영역의 회복

지금 한국은 간통죄가 폐지되어 있는 상황입니다. 또 교육에서는 말씀과 일치하지 않는 내용들을 가르치며, 그 외에도 여러 가지 영역에서 말씀과 일치하지 않는 잘못된 가치관들이 존재합니다. 게다가 이런 상황 속에서 상당수의 교회마저도 세속화와 여러 가지 문제들로 신음하고 있는 모습을 볼 때 참 쉽지 않은 상황이라는 생각이 듭니다.

> 한 사람이 순종하지 아니함으로 많은 사람이 죄인 된 것 같이
>
> 한 사람이 순종하심으로 많은 사람이 의인이 되리라 (롬 5:19)

성경에는 한 사람의 영향력에 관한 이야기가 꽤 자주 등장합니다. 제 해석이 맞다면, 이 말씀은 아담 한 사람의 범죄로

인해 많은 사람이 죄인이 된 것처럼 (하나님이시지만 사람의 몸을 입고 오셨던) 예수 그리스도 한 사람으로 인해 많은 사람이 의인이 된다는 것을 말하고 있습니다. 또한 성경에서는 예수님을 믿는 자가 예수님께서 하셨던 일보다 더 큰일도 할 수 있다고 말하고 있습니다.

> 내가 진실로 진실로 너희에게 이르노니 나를 믿는 자는 내가 하는 일을 그도 할 것이요 또한 그보다 큰 일도 하리니 이는 내가 아버지께로 감이라 (요 14:12)

이 나라의 각 영역마다 무너진 곳을 막아서서 주님으로 멸하지 못하게 할 한 사람이 필요합니다. 그래서 각 영역마다 무너진 하나님의 말씀의 가치를 회복하고, 이 땅에 하나님의 나라가 이루어지도록 해야 합니다.

교회 소개와 초청

하나님께서 어느 날 제게 교회의 회복이라는 마음을 주셨습니다. 그러면서 엘리사가 엘리야에게 구했던 "갑절의 역사"라는 키워드를 주셨는데, 이것은 이전 세대로부터 믿음의 유업을 물려받고, 도외시된 부분은 찾아내고, 잘못되었던 부분은 반면교사 삼고, 가능한 부분은 발전시켜서 교회를 회복시키고, 이전 세대보다 더 탁월한 길로 나아가라는 의미였습니다. 그런데 이것은 제가 잘났다거나 대단하기 때문에 이전 세대보다 더 탁월한 길로 나아갈 수 있다는 것이 아닙니다. 모든 세대마다 믿음의 선진들이 물려주신 믿음의 유업에 은혜를 입어서 더 나은 방향으로 나아가려는 시도가 있었고, 단지 저는 이것을 하나의 사명으로 받았을 뿐입니다. 마치 모든 교회가 기도를 해야 하지만, 기도를 집중적인 사명으로 받은 교회가 있다는 것과 비슷합니다. 그리고 하나님께서 주신 또 다른 사명 한 가지는 깊은 영성에 대한 부분입니다. 제가 모든 한국교회를 다 알 수는 없지만, 하나님께서 제게 보여주신 부분 안에서는 한국교회에 깊은 영성에 대한 가르침이 전무하다는 것을 조명해 주셨습니다. 그래서 현재 한국에 깊은 영성에 대해 다루는 교회가 있어야 한다는 마음을 주셨고, 그렇게 교회의 회복과 깊은 영성이라는 두 가지 사명을 가지고 교회를 시작하게 되었습니다. 저희에게 주신 사명의 특성상 저희 교회의 핵심 사역은 한 사람의 신앙을 제대로 세우는 것입니다. 그래서 정치, 경제, 문화 예술, 미디어와 언론, 교회, 다음 세대와 교육, 가정 이렇게 7가지 영역으로 파송하는 것을 목표로 하고 있습니다. 하나님 안에서 같은 꿈을 품고 달려가실 분을 저희 교회로 초청하고 싶습니다. 참고로 현재 저희 교회는 소속 교단도, 우산이 되어 주시는 어떤 목회자분이나 멘토도 없습니다. 기도해 보신 후 주시는 마음이 있다면 메일 부탁드립니다.

이메일 주소 : churchrecovery1@naver.com

소망

제가 선교 단체에 있을 때 한 동역자분의 할아버지를 만날 기회가 있었습니다. 그분은 당시 90세가 넘으셨고 치매에 걸리셔서 같은 말만 계속 반복하셨는데 그중 하나가 젊었을 시절에 용문산, OO산 등에 가서 한국교회를 위해 며칠 밤을 새워 기도하셨던 때가 그립다는 말이었습니다. 저는 그 이야기를 들으면서 '정말 저런 분이 기도로 한국교회를 지켜낸 분이구나'라는 마음이 들었고, 당시에는 그분이 참 존경스럽다는 생각으로만 끝났던 것 같습니다. 그런데 어느 날 그 동역자분이 저에게 할아버지 이야기를 하시면서, 몸이 아파서 괴로우신데 그렇게 가고 싶어 하시는 천국을 하나님이 왜 빨리 안 데려가시는지 모르겠다며 기도를 부탁하셨습니다. 그런데 그때 제 안에 문득 "한 사람"에 대한 이야기가 떠올랐습니다.

혹시 하나님께서 할아버지를 빨리 천국에 데려가지 않으시는 이유가, 과거에 그 할아버지께서 한국교회를 위해 기도하셨던 것처럼 이 땅의 성 무너진 데를 막아설 한 사람을 찾고 계시는 것은 아닐까 하는 생각이 들었습니다. 그래서 며칠 정도 뒤, 한국교회를 위해 중보기도하는 날에 이렇게 기도했습니다. "혹시 하나님께서 그런 한 사람을 찾고 계시다면 제가 그 한 사람이 되겠습니다." 그리고 기도를 마치는 시간인 6시 정각에 기도를 끝내고 문을 여는데, 그 동역자분에게 전화가 왔습니다. 원래 어떤 분의 집에 놀러 가려고 했는데 갑자기 할아버지가 돌아가셔서 못 가게 되었다며 그분에게 연락을 해야 하니 연락처를 알려달라는 전화였습니다. 저는 그때 하나님께서 저의 기도를 들어주셨다는 확신이 들었습니다. 마치 그분의 믿음의 유업을 제가 물려받은 것 같다는 생각이 들었고, 비슷한 시기에 말씀을 묵상하는데 하나님께서 저에게 "내가 너를 통해 이 땅을 살리겠다"라는 말씀을 주셨습니다. 지금 한국교회의 상황이 여러모로 어려워 보이지만, 그럼에도 불구하고 한국교회의 미래는 밝다고 믿습니다. 어두워 보이는 시대에 한국교회 성도님들이 하나님 안에서 건강한 기대와 소망을 품으셨으면 좋겠습니다.

**Part
3**

교회의 연합

1. 영성과 연합

만약 어떤 사람이 성품적으로는 어느 정도 연단을 받았지만, 명예욕에 상당히 많이 묶여 있는 사람이라고 가정해 봅시다. 이 사람은 다른 누군가가 자신에게 실수하는 것들은 잘 용납해 줄 수 있을지 몰라도, 누군가가 자신의 명예를 건드리는 순간 그 사람과의 편안하고 원만한 관계는 어려워집니다. 반대로 어떤 사람은 명예욕을 내려놓는 부분에서는 많은 연단을 받았지만, 상대적으로 성품이 부족한 경우도 있습니다. 이런 사람은 타인들이 자신을 낮게 평가하는 것에 있어서는 상대적으로 자유로울지 몰라도, 누군가가 계속해서 자신을 분노하게 하는 상황을 맞닥뜨린다면 쉽게 그 사람과의 관계를 끊어버리게 될 확률이 높습니다. 즉 성도들이 서로 간에 얼마나 깊이 연합할 수 있느냐는, 각 사람이 하나님과 얼마나 깊이 연합했는가에 비례한다고 할 수 있습니다.

2. 여러 가지 갈등 극복하기

세대 차이 극복하기

제가 느끼는 바에 의하면, 불과 한 세대 이전만 해도 "이것은 이렇게 해야 한다, 저것은 저렇게 해야 한다"라는 여러 가지 가치기준이 존재했습니다. 그런데 요즘은 포스트모더니즘의 영향 때문인지 이러한 가치기준들이 점점 무너지고 각자가 생각하는 것이 곧 정답이 되는 분위기로 바뀌어가는 것 같습니다. 그래서 간혹 기성세대 분들은 다음 세대를 볼 때 말세라는 생각을 하시고, 반면에 다음 세대는 기성세대 분들을 향해 꼰대라는 생각을 갖고 있는 것 같습니다. 이러한 세대 차이의 간극을 좁히는 방법은 모든 세대가 올바른 진리로 돌아가는 것입니다. 물론 과거에 있었던 여러 가지 잘못된 사고의 틀은 무너져야 하고, 바뀌어야 합니다. 하지만 그렇다고 해서 우리가 반드시 지켜야 할 절대적인 가치까지 다 무너뜨려버린다면 그것은 또 다른 심각한 문제를 초래하게 될 것입니다. 기성세대 분들은 다음 세대를 통해 잘못된 사고의 틀을 바꾸어나가고, 다음 세대는 기성세대 분들을 통해 지켜야 할 절대가치가 무엇인지를 배워간다면 진리 안에서 세대 간의 건강한 연합이 가능해질 것입니다.

문화 차이 극복하기

우리나라 안에서만 해도 여러 가지 문화적 차이가 존재합니다. 이렇게 문화 차이가 있는 경우에 우리는 서로를 판단하고 정죄하는 마음이 아닌, 겸손히 나보다 남을 낮게 여기는 마음을 통해 건강한 연합을 이루어갈 수 있습니다. 인간은 모두 유한한 존재이기 때문에 어떤 사람에게나 배울 점이 있습니다. 나에게 있는 부분이 상대방에게 없다고 해서 답답해하거나 우월의식을 느낄 것이 아니라, 오히려 나에게는 없지만 상대방에게 있는 부분을 발견하고 배우려는 태도를 갖는 것이 필요합니다. 그리고 우리가 이러한 태도를 가진다면, 문화 차이는 분열의 시발점이 아니라 오히려 하나님 안에서 나의 성품과 능력을 발전시키는 계기가 될 수 있을 것입니다.

이념 갈등 극복하기

이 주제를 본질적인 측면에서만 접근해 본다면, 우선 진리에 관한 건강한 관점이 필요합니다. 그리스도인이 이념 갈등을 극복한다는 명목 아래 진리가 아닌 것을 받아들여서는 안 되기 때문입니다. 우리는 어떤 범죄자나 설령 거짓 선지자조차도 한 영혼으로 바라보고 끝까지 사랑합니다. 하지만 그들의 사상과 이념을 받아들이고 하나가 되는 것은 완전히 다른 이야기입니다. 그리고 진리에 관한 건강한 관점을 가진 이후에는, 건강한 좌파와 건강한 우파가 서로를 향해 열린 마음을 가져야 합니다. 이념적인 부분에 있어서 각 사람에게 주어진 사명이나 성향 등에 따라 하나님께서 강조해 주신 부분이 다를 수 있습니다. 그렇기 때문에 만약 내 생각만이 옳다는 마인드를 가지고 다른 관점의 의견들을 모두 배척한다면 어떤 사안에 대한 건강한 논의가 이루어지기 어려울 것입니다.

**Part
4**

|||||||||||||||||||||||||||||||||||||||||||||||||||||||||||||||||||||||||||||||||||||||||

갑절의 역사

1. 갑절의 역사란?

하나님께서 제게 정리해 주신 의미에서의 갑절의 역사란, 앞에서 잠깐 말씀드렸다시피 기존에 있던 믿음의 유업은 물려받고, 도외시되어 있는 부분은 보완하고, 잘못된 부분은 반면교사 삼고, 가능한 부분은 발전시켜서 이전보다 더 탁월한 길로 나아가도록 허락해 주신 하나의 방법입니다.

2. 갑절의 역사

믿음의 유업 물려받기

여러 믿음의 사람들의 이야기를 들어보면, 믿음의 길을 걸어가는 것에 있어서 여러 가지 시행착오들을 경험하셨던 것 같습니다. 어떤 분들은 참된 믿음이 구엇인지 잘 몰라서 헤매다가 오랜 기간 신앙생활을 한 뒤에 깨닫기도 하시고, 또 어떤 분들은 올바른 진리를 알지 못해서 영혼을 섬기다가 상처를 입히는 일들도 있었습니다. 물론 저는 이러한 시행착오들이 무조건 다 잘못된 것이라고만 생각하지는 않습니다. 하지만 그렇다고 해서 우리가 믿음의 길을 걸어갈 때, 꼭 여러 가지 시행착오를 하나하나 겪으면서 가야 하는 것은 아닙니다. 하나님께서는 종종 믿음의 길을 먼저 걸어간 사람들의 시행착오를 통해서 다음 세대가 더 빠르고 온전한 길로 나아갈 수 있도록 은혜를 베풀어주십니다. 코로나 시기를 지나면서 유튜브가 사람들 사이에서 정말 많이 활성화되었고, 특별히 기독교 안에서도 유익한 영상들이 많이 쏟아져 나오기 시작했습니다. 어떤 연구에 의하면 이제는 많은 성도님들이 자신이 출석하는 교회의 설교만 듣는 것이 아니라 유튜브를 통해 다른 교회의 설교도 함께 듣는다고 합니다. 물론 여기에는 성도들이 자신의 입맛에 맞는 설교만 찾아듣게 된다거나 여러 가지 미혹에 쉽게 노출될 수 있다는 위험성도 함께 존재하겠지만, 반면에 이런 몇 가지 위험성들만 건강하게 잘 차단될 수 있다면 이런 흐름은 성도들의 영적 성장에 큰 유익이 될 것입니다. 또한 한 목회자의 설교만 듣는 것보다 여러 목회자가 서로 다른 강조점을 가지고 복음을 선포하는 것을 듣게 된다면 성도들이 진리에 관해 더 넓은 이해를 가질 수 있게 될 것입니다.

도외시된 부분 찾기

첫 번째로는 건강한 정신입니다. 그래도 요즘에는 과거에 비해 운동이나 건강한 육체의 중요성에 대해서는 꽤 많이 강조가 되는 것 같지만, 건강한 정신을 갖는 것의 중요성에 대해서는 개인적으로 많이 들어보지 못했던 것 같습니다. 우리가 건강한 정신을 유지해야 하는 이유는 첫째로 우리가 스스로의 마음을 잘 지키기 위함이고, 둘째로는 주변 사람들을 위함입니다. 물론 우리의 정신 건강 상태가 항상 좋을 수는 없겠지만, 그렇다고 해서 우리가 좋지 않은 상태 그대로 있으면서 타인에게 여러 가지 부정적인 에너지를 뿜어서는 안 될 것입니다. 우리는 각자만의 취미 활동, 운동, 심호흡,

햇빛을 쐬는 산책 등등 여러 가지 방법으로 정신을 건강하게 관리할 수 있습니다. 또한 자주 도외시되는 부분 두 번째는 말씀을 읊조리는 것입니다. 이스라엘에서는 하루 2번씩 "쉐마"의 말씀을 암송한다고 합니다. 저는 과거에 그 원리를 제 개인적인 삶에 적용해서 아침저녁으로 여러 가지 말씀을 읊조렸던 기억이 있습니다. 여러 말씀들을 읊조리며 제 삶에 지금 감사할 것들이 무엇인지를 생각해 보고, 제가 지금 놓치고 있는 말씀은 없는지 점검해 보고, 또 성경에 기록해 주신 약속들과 개인적으로 주신 약속들을 믿음으로 선포하며 하나님 안에서 건강한 기대를 품고 꿈을 꾸기도 합니다. 이런 방법들을 통해 우리는 영적으로, 정신적으로 건강한 상태를 유지하는 것에 도움을 받을 수 있습니다.

반면교사

여기서 집중적으로 다루고 싶은 부분은, 변질되는 사례에 관해서입니다. 우리는 역사적으로 너무나 많은 반면교사의 사례들을 보아왔습니다. 그런데 그럼에도 불구하고 이런 사례는 지금도 끊임없이 반복되고 있습니다. 그 이유가 무엇일까요? 바로 "그렇게까지 하나님을 사랑하지는 않았기 때문"입니다. 한 예로 우리는 예수님께서 변질된다는 것을 상상도

할 수 없을 것입니다. 물론 예수님께서는 흠이 없고 죄가 없는 완전하신 분이시며 우리는 죄인이라는 차이점이 있습니다. 하지만 우리는 거듭날 때 과거의 옛 사람이 그리스도와 함께 십자가에 못 박히고 내 안에 그리스도께서 사신다는 것을 알고 있습니다. 이 사실이 우리에게 정말 실제가 된다면, 혹 믿음이 연약해서 자주 넘어질 수는 있을지언정 마음이 변질되어서 영적인 감각이 무뎌지는 지경까지 간다는 것은 쉽지 않은 일입니다. 변질되는 문제에 있어서 안일한 태도를 가지라는 뜻이 아닙니다. 인간은 모두 죄인이기 때문에 나도 얼마든지 변질될 수 있다는 경각심을 가져야 하지만, 하나님을 깊이 사랑할수록 영적인 감각이 예민해져서 그러한 길로 빠지지 않을 확률이 높아진다는 것입니다. 한 예로 다윗은 사울을 죽일 수 있는 두 번의 기회 앞에서, 하나님을 사랑하는 영적 감각을 가지고 그것을 모두 거절했습니다. 하지만 다윗이 왕이 된 뒤에는 밧세바에게 간음을 저지르고, 자신의 죄를 덮으려고 살인을 교사하기까지 합니다. 어떤 성경 해석에 의하면 그 사건 이후 나단이 다윗을 책망하여 회개하기까지 1년 정도의 시간이 걸렸다고도 합니다. 다윗은 왜 이렇게까지 영적 감각을 잃어버리게 되었을까요? 물론 이 사건을 둘러싼 여러 가지 해석이 있을 수 있겠지만, 하나님께서 제게 주신 사명의 관점에서 해석해 본다면 다윗은 제가 알기로 평생 한 번도 편안하게 지내볼 날이 없었던 것 같습니다. 여러 가지 정황상 가족들 사이에서 무시를 당하는 존재였던 것으로 보이고, 양 치는 일을 하면서 맹수들과 싸우며 지내고, 또 기름부음을 받은 뒤에도 굉장히 오랜 시간을 사울에게 쫓겨 살았습니다. 한 마디로, 다윗은 계속해서 하나님을 바라보고 붙잡을 수밖에 없는 상황에 있었다는 것입니다. 그런데 이제 왕이 되니 더 이상 하나님을 의지하지 않아도 자신을 공격하는 사람도 없고 누구도 자신을 무시하지 못하는 상황이 되었습니다. 이러한 상황의 변화로 인해 다윗의 마음을 지탱해 주던 숨은 동기가 사라진 데다, 왕의 자리에서 더 큰 유혹을 받다 보니 점점 하나님과 멀어지게 되고, 영적 감각을 잃어버리게 된 것이 아닐까 추측해 봅니다. 더불어 이 해석을 뒷받침해 줄 또 하나의 근거가 있다면 후에 이어지는 다윗의 행보들을 볼 때, 힘들었던 시절 주님께 드렸던 삶의 태도들이 보이지 않는 것 같습니다. 자신의 죄로 인해 어떤 대가가 지불되는지 뼈저리게 경험했음에도 불구하고 또다시 인구조사를 하기도 하고, 하나님의 이름으로 맹세하여 살려주리라 약속한 시므이를 솔로몬에게 죽이라고 명령하기도 합니다. 물론 다윗의 회개와 그 이후의 반응들, 그리고 하나님께서 성경 곳곳에서 다윗을 높여주시는 것을 볼 때 하나님을 정말 뜨겁게 사랑했던 사람인 것만큼은 분명한 것 같습니다. 하지만 제 해석이 맞다는 가정 하에 만약 다윗이 편안한 때이든 고난의 때이든 유혹의 때이든 동일하게 하나님을 사랑할 만큼의 영적 깊이가 있는 사람이었다면, 영적 감각을 잃어버려 밧세바를 범하고 살인을 교사하는 것도 모자라 1년 동안 양심이 마비되어 있는 일은 없었을 것입니다. 진정으로 하나님을 깊이 사랑하는 사람은 어떠한 상황이든 상관없이 동일하게 하나님을 사랑할 수 있기 때문입니다.

Part
5

어떻게 영혼들을
섬길 것인가

1. 시행착오 줄이기

사실 여러분의 마음의 중심이 올바른 곳을 향하고 있고 매 순간 겸손히 주님을 의뢰하며 살아간다면, 성령님께서 여러분이 영혼을 섬기는 데 필요한 모든 것을 가르쳐 주실 것입니다. 하지만 제가 받은 사명 중 하나가 시행착오를 줄이는 것이기에 이 파트에서 성령님께서 제게 가르쳐 주신 몇 가지 부분들을 나누려고 합니다.

2. 사명과 역할에 대한 이해

영혼을 섬기고자 할 때, 먼저 그리스도인의 본질적인 사명이 무엇인지 그리고 개인과 자신이 소속된 공동체의 사명과 역할에 대해 정확하게 이해하는 것이 필요합니다.

사명과 역할에 대한 이해(개인적 측면)

한 예로 본질적인 관점에서 보면 기존 신자를 성화시키는 일보다는 아예 믿지 않는 영혼을 하나님께로 돌아오게 하는 일이 더 중요할 것입니다. 전자는 이미 하나님과 관계가 있는 사람을 하나님께로 더 가까이 이끄는 것이지만, 후자는 아예 하나님과 원수가 되었던 사람을 하나님과 화목하게 하는 것이기 때문입니다. 하지만 제 개인적인 사명의 측면에서 본다면, 불신자 전도보다는 기존 신자를 성화시키는 일에 더 많은 비중을 두고 있습니다. 그렇다면 이런 경우에 저는 어떤 마인드로 사명을 감당해야 할까요? 하나님께서 제게 강조해 주신 비중대로 사명을 잘 감당하되, 본질적으로 더 중요한 일이 무엇인지를 잊지 않아야 할 것입니다. 또 다른 예로, 여러 가지 사명을 감당하느라 가정을 돌보지 못했다며 후회를 하시는 분들의 이야기를 들어본 적이 있습니다. 물론 하나님께서 때로는 가정을 버려두고 사명의 자리로 오라고 부르시는 경우도 많이 있습니다. 하지만 일반적인 상황에서 우리가 본질적으로 더 많은 비중을 두어야 할 곳은 교회보다 가정입니다. 즉 하나님께서 여러분에게 개인적으로 어떤 사명에 대해 많은 비중과 강조점을 두고 가르쳐 주셨다고 해도, 본질적인 부분에서의 비중이 더 중요하다는 것을 잊어버려서는 안 된다는 것입니다. 만약 이런 부분에서 정확한 정리가 없다면 많은 시행착오를 거쳐야 할뿐더러, 영혼을 섬기는 사람으로서 본질이 아닌 것을 마치 본질인 것처럼 성도들을 오도하게 될 수 있습니다. 그리고 사명과 역할의 차이를 구분하는 것에 있어서도 만약 어떤 교회의 리더가 '리더는 영성이 중요하니까 영성에 대한 사명을 받은 나는 교회 리더를 하는 것도 사명이야'라고 생각하고 그것이 굳어져 버린다면, 나중에 혹 하나님께서 교회의 리더를 바꾸려고 하실 때 그 사람은 혼동을 겪게 될 수 있습니다. 사명과 역할의 차이를 정확하게 구분하지 못하고 그 두 가지를 엮어버렸기 때문입니다. 한 예로 어떤 선교사님께서 선교지에서 추방을 당하셨는데, 마치 자신의 사명을 잃어버린 것처럼 슬퍼하셨다는 이야기를 들은 적이 있습니다. 제가 추측해 보건대 사실 그 선교지는 선교사님의 사명이 있는 곳이 아니라 잠시 동안만 보내주신 훈련 장소였을 수 있다고 생각합니다. 그런데 만약 그 선교사님께서 사명과 역할을 혼동하여 그 선교지에 사명이 있다고 생각하신 상황이었다면, 하나님께서 다른 곳으로 부르셨을 때 여러 가지 혼란을 겪으셨을 거라 생각됩니다.

사명과 역할에 대한 이해(공동체적 측면)

자신이 소속된 공동체의 사명과 역할에 대한 정확한 이해가 없다면 자신이 섬기는 영혼들의 질문을 잘 받아줄 수도 없고, 누군가에게 공동체를 소개하기도 어려울 것입니다. 저는 과거에 '하나님만 사랑하면 되지 굳이 이런 부분들까지 이해할 필요가 있는가'하는 생각을 했었습니다. 그런데 모든 사람들이 타인을 평가할 때 마음의 중심만을 봐주지는 않습니다. 그래서 영혼을 섬기는 자리에 있다면 어느 정도의 신뢰와 권위를 얻기 위해 이런 부분도 필요하다는 생각이 듭니다. 또한 하나님께서 한 공동체로 불러주셨다는 것은, 같은 사명을 가지고 같은 마음으로 달려가야 한다는 뜻입니다. 자신이 소속된 공동체의 사명에 대한 정확한 이해가 있다면 하나님 안에서 같은 꿈을 품고 달려간다는 측견에 있어서도 분명 유익이 있을 것입니다.

소원 형성

하나님께서 어떤 사람에게 사명을 주실 때, 소원을 형성하시는 경우가 있습니다. 한 예로 어떤 부모가 자녀를 윤리의식이 있는 좋은 의사로 교육하려 한다고 가정해 봅시다. 그 부모는 먼저 아이에게 무료로 어려운 사람들을 돕는 의사들의 좋은 모범을 보여주기도 할 것이고, 또 아이가 어느 정도 자라면 탈세나 과잉진료를 하는 의사들의 여러 가지 좋지 않은 사례들도 보여주면서 반면교사로 삼도록 할 것입니다. 그리고 실질적으로 의사가 되려면 성적이 좋아야 하기 때문에, 어릴 때부터 열심히 공부를 할 수 있도록 여러 가지 형태로 지원과 독려를 아끼지 않을 것입니다. 우리의 아버지 되신 하나님께서도 이와 마찬가지입니다. 하나님께서는 우리의 모든 과거 현재 미래를 아시는 분이시며 우리가 훗날 어디로 가서 어떤 사명을 감당하게 될지, 어떤 일을 만나게 될지를 다 알고 계시는 분이십니다. 그래서 하나님께서는 그에 맞게 각 사람을 준비시키시는데, 그 방법 중 하나가 바로 사명에 대한 소원을 형성하시는 것입니다. 앞서 말씀드렸던 것처럼 좋은 롤 모델을 보여주기도 하시고, 또 그 영역에서의 사역의 필요성과 반면교사의 사례 등을 보여주기도 하십니다. 그뿐만 아니라 영적으로나 실질적으로나 우리가 사명을 감당하기 위해 필요한 모든 것들을 훈련시켜 주십니다. 우리가 이러한 패턴을 알고 있을 때 얻을 수 있는 유익이 있는데, 그것은 우리가 섬기는 영혼들의 신앙의 단계와 사명을 분별하는데 어느 정도 도움을 받을 수 있다는 것입니다. 한 예로 어떤 사람이 하나님의 인도하심을 한 걸음씩 따르는 가운데, 하나님께서 그 사람에게 순교자와 관련된 책만 계속해서 보여주신다면 그것은 하나님께서 순교자들을 통해 그 사람에게 뭔가 하실 말씀이 있다는 의미로 볼 수도 있습니다. 이것은 아주 단면적인 예이지만, 계속해서 여러분이 하나님과의 관계 가운데서 이러한 영적 지식들을 습득해나간다면 영혼을 섬기는 일에 있어서 많은 도움을 받게 될 것입니다. 그리고 이 부분에서 우리가 조심해야 할 것이 있는데 섣부른 인간의 생각으로 일반론에 갇히거나, "그림 맞추기"를 하면 안 됩니다. 일반론에 갇힌다는 것의 한 예로, 어떤 사람이 순교자와 관련된 책만 계속 보게 된다고 해서 단순히 '저 사람은 반드시 순교하겠구나'라고 생각하면 안 된다는 것입니다. 거기에는 다른 여러 가지 이유가 있을 수 있습니다. 또한 그림 맞추기란, 스스로가 '순교자와 관련된 책만 계속 보게 되는데, 나는 북한으로 가려나? 여기인가? 저기인가?'등등 몇 가지 요소들을 가지고 계속해서 자신의 미래를 추측한다는 것입니다. 이러한 그림 맞추기를 자꾸 하게 되는 이유는 대체로 자신이 이루고 싶은 어떤 욕망이 있거나, 혹은 그곳만큼은 절대 가고 싶지 않다는 두려움 때문입니다. 우리는 이러한 잘못된 기대와 두려움도 버려야 할 뿐만 아니라, 하나님의 생각과 길은 우리의 생각과 길보다 높다는 것을 기억하고 편협한 사고에 갇히지 말아야 할 것입니다.

3. 메타인지

여러 연구 결과에 의하면 학업 성적이 좋은 학생들과 그렇지 않은 학생들에게서 두드러지는 가장 큰 차이점이 "메타인지"능력이었다고 합니다. 여기서 메타인지란 자신의 성향이나 약점, 강점 등 자신을 제대로 아는 것을 의미합니다. 우리에게 이러한 메타인지 능력이 부족하다면, 자신 혹은 타인의 신앙을 이해하거나 원만한 인간관계를 갖는 것이 쉽지 않을 수 있습니다. 한 예로 누군가와 관계적인 충돌이 일어났을 때 나의 모난 부분이 상대방을 얼마나 고통스럽게 했는지를 알지 못한다면, 건강한 대화를 하는 것 자체가 어려울 뿐만 아니라 오히려 상대방을 왜곡해서 보게 될 수 있습니다. 신앙적인 부분에서도 마찬가지로 자신의 신앙을 한 부분만 보고 고평가 혹은 저평가를 하게 된다면, 쉽게 교만에 빠지게 되거나 반대로 마음에 주눅이 들고 위축되어 활력 있는 신앙생활이 어려워질 수 있습니다. 한 가지 예만 더 말씀드리면, 메타인지 능력이 부족할 경우 상대방의 말에 소위 "가스라이팅"을 당할 수 있습니다. 안타깝지만 많은 사람들이 편협한 시선, 과거에 받은 상처, 자아 문제, 여러 가지 악의 등으로 인해 너무나 쉽게 타인들을 판단합니다. 만약 여러분이 타인에게 여러 가지로 판단을 받게 되는 경우 메타인지 능력이 부족하다면, 쉽게 상대방의 말을 받아들여 스스로를 괴롭게 할 수 있습니다.

4. 선한 일을 사모하는 마음

기독교계에서도 많은 사람들이 높은 자리로 가려 하고, 유명해지려고 하는 분위기가 있는 것 같습니다. 그리고 그 이유에는 여러 가지가 있겠지만, 많은 경우 자신의 명예욕, 권력욕, 안전에 대한 추구 등 여러 가지 욕망과 두려움이 포함되어 있습니다. 그러나 성경에서는 사람이 감독의 직분을 얻으려 함은 선한 일을 사모하는 것이라고 말합니다.

리더가 된다는 것, 그리고 유명해진다는 것은 그만큼 많은 유혹과 고난에 노출될 가능성이 높다는 뜻입니다. 마치 세상의 원리처럼 돈이나 믿음, 사역 능력 등을 경쟁해서 높은 자리에 올라가거나 유명해지면 승리하고 성공하는 개념이 아니라는 것입니다. 물론 어떤 사람은 리더의 자리에서 자신의 탐욕을 마음껏 채우는 경우도 있습니다. 하지만 하나님께서 리더에게 주신 책임이 크기 때문에, 이런 경우는 리더의 자리에 있지 않은 사람보다 더 큰 죄를 짓는 격이 될 것입니다. 많은 고난과 유혹을 견디는 만큼 그리스도와 더 연합하게 되고, 하나님께서 주신 권위와 영향력을 가지고 영혼들을 올바른 길로 인도하고자 하는 선한 소원이 있을 때라야 우리가 올바른 마음으로 감독의 직분을 사모할 수 있습니다. 한국교회에 이러한 마음으로 감독의 직분을 사모하는 영적 지도자가 많이 세워지길 기도합니다.

5. 섬김의 실제

양쪽의 입장 모두 듣기

송사에서는 먼저 온 사람의 말이 바른 것 같으나 그의 상대자

가 와서 밝히느니라 (잠 18:17)

인간에게는 타인이 자신을 위로해 주고 자신의 편을 들어
주길 바라는 마음이 있습니다. 그래서 보통 누군가에게 타
인의 이야기를 할 때, 자신에게 유리한 대로 말하기가 쉽습
니다. 또한 어떤 사람이 아무리 상황을 객관적이고 정직하
게 이야기하려고 노력한다 해도, 자신이 알지 못하는 어떤
편향성으로 인해 정확한 전달이 어려울 수 있으며 특히 분노
한 상태에서는 더더욱 그렇습니다. 그렇기 때문에 여러분이
누군가에게 타인에 대한 이야기를 들었을 때 반드시 상대편
의 이야기도 함께 들어보면서 팩트를 체크하는 것이 필요합
니다. 물론 우리에게는 하나님께서 허락해 주신 합리적 판단
이라는 도구가 있습니다. 그래서 이야기를 하는 사람의 평소
행실이 어떠했는지 등에 따라 한 쪽의 이야기만 듣더라도 어
느 정도의 그림이 그려질 수는 있습니다. 하지만 제가 경험

한 바로는 항상 어느 정도의 분별은 하되, 최종적인 판단은 끝까지 유보하는 쪽이 안전한 것 같습니다. 10번이나 같은 실수를 반복했던 사람이 똑같은 일을 저질렀다는 말을 들었을 때, 이번에는 실수가 아닌 오해일 가능성이 있기 때문입니다. 우리는 철저히 공의로우신 하나님의 성품에 맞게, 타인이 단 한 번의 억울함도 느끼지 않게 하고자 항상 조심하고 신중하는 태도를 가져야 합니다.

권면이나 조언을 할 때

누군가에게 권면이나 조언을 하기 위해서는 먼저 진리에 대한 건강한 관점이 필요합니다. 많은 성도님들과 심지어 목회자분들과 선교사님들까지도 진리에 대한 잘못된 적용점들이 있다는 것을 보게 됩니다. 안타깝게도 그런 분들은 성령님께서 가르쳐 주시는 성경이 아니라, 자신의 생각을 기반으로 나름대로 열심히 배우고 해석한 성경을 보고 계신 것 같습니다. 사람은 마음에 가득한 것을 입으로 말한다고 하신 말씀처럼, 먼저 내 마음이 건강한 진리의 메시지로 가득 차 있지 않으면 결국 언젠가 타인에게 부정적인 영향으로 흘러가게 될 확률이 높습니다. 그리고 이 부분에서 한 가지 더 다루고 싶은 것은, 개인적인 사심에 대해서입니다. 어떤 사람을 너무 좋아하거나 싫어하게 되면, 그 사람의 결함이 보이지 않거나 반대로 결함이 아닌 것도 결함처럼 보이기가 쉽습니다. 이런 경우에 가장 바람직한 것은, 싫어하는 사람은 사랑하게 되는 것이고 너무 좋아하는 사람은 그 마음 안에 있는 불순물을 걸러내는 것입니다.(영적 불순물이 아니라 그저 인간적으로 과도하게 좋아하는 마음이라면, 그 마음조차 조절할 수 있어야 합니다.) 하지만 대개 이런 일들은 시간이 걸리기 때문에 우선은 자신 안에 이런 사심들이 있다는 것을 인지하고 영혼들을 객관적으로 보려는 노력을 해야 합니다.

선 긋기

모든 관계마다 건강한 선을 지키는 것이 필요한데, 특히나 영혼을 섬기는 사람은 더욱 그렇습니다. 섬기는 사람과 섬김을 받는 사람 사이에 건강한 선이 없으면 말의 무게가 가벼워질 수 있고, 권면하는 것 또한 어려워질 수 있습니다. 또한 기존에 여러 선교 단체의 규칙들 중에는, 소위 S. R(Special Relationship)을 금지하는 경우가 있습니다. 이것은 이성 혹은 동성 간에 특별한 관계를 금지하는 것인데, 훈련 기간에 오직 훈련에만 집중할 수 있다는 유익이 있을 뿐만 아니라 어떤 특정 사람이 소외되는 것을 막아주는 하나의 안전장치가 되기도 합니다. 만약 어떤 모임이나 집단에 세 사람이 있는데 자신을 제외한 두 사람만 계속해서 대화를 나누거나 약속을 잡게 된다면, 그 한 사람은 소외감을 느끼게 되기가 쉽습니다. 이러한 이유 등으로 인해 여러 단체들에서는 아예 이런 부분에 대한 규칙을 정해두고 여러 불상사들을 미연에 방지하는 것으로 생각됩니다. 섬기는 사람으로서 이런 부분들을 어느 정도 이해하고 있다면, 건강한 관계를 유지하는 데 도움이 될 수 있을 것입니다.

영성을 분별하는 몇 가지 관점

우리가 섬기는 영혼들의 영성의 단계를 분별할 때 도움이 되는 몇 가지 관점들이 있습니다. 첫 번째로는 영성과 별개로 그 사람의 기본 능력치를 파악하는 것입니다. 어떤 사람은 불신자라 하더라도 좋은 집안 환경에서 건강한 교육을 받고 자라서 인품이 좋은 경우가 있습니다. 반면에 어떤 사람은 조직폭력배 출신이라 애초에 성격 자체가 험한 경우가 있습니다. 이런 경우, 성품 자체만 놓고 봤을 때 후자의 사람이 예수님을 믿고 전자의 사람의 성품을 따라가려면 10년 이상이 걸릴 수도 있습니다. 두 번째로는 불순물에 대한 부분입니다. 한 예로, 사람이 분노하지 않는 것에는 너무나 많은 이유가 있습니다. 인격이 좋은 스스로의 모습에 대한 자아상, 타인보다 더 믿음 좋은 사람이 되려는 시기심, 단지 화를 잘 못 내거나 싸우는 것을 싫어하는 성향, 타인에게 미움받는 것을 싫어하는 자기보호 등등.. 만약 우리가 좁은 시야를 가지고 이런 부분들을 배제한 채로 어떤 사람의 "분노"자체만 본다면, 그 사람의 신앙에 대한 건강한 분별이 어려워질 것입니다. 세 번째는 영역적인 측면입니다. 이 책의 앞부분에서 비슷하게 잠깐 언급했던 것처럼, 어떤 사람은 비교적 성품에 대한 부분은 빨리 다룸을 받지만, 하나님의 인도하심을 받는 부분에 있어서는 비교적 늦게 눈이 열리는 경우가 있습니다. 또 어떤 사람은 신앙생활 초기부터 오랫동안 기도할 수 있는 능력은 키워지지만, 이웃을 사랑하는 부분에서는 상대적으로 약할 수 있습니다. 한 사람의 여러 가지 신앙의 영역을 넓게 볼 수 있는 시야가 없다면, 우리의 눈에 어떤 사람들은 단지 가식덩어리로밖에 보이지 않을 것입니다.

과도한 생각들 뽑아내기

저는 과거에 시간에 굉장히 예민한 사람이었습니다. 그래서 누군가가 시간을 지키지 않으면 큰 분노가 일어나기도 하고, 은근슬쩍 눈치를 주기도 했습니다. 물론 시간은 상대방과의 약속이기에, 정확하게 지키는 것이 옳은 일입니다. 하지만 그게 옳다고 해서 저의 "과도한"분노가 정당화되는 것은 아닙니다. 어떤 분들은 과도하다는 기준을 누가 정하느냐고 반문하실지도 모르겠습니다. 한 예로 어떤 사람이 5분을 지각했다고 해서 제가 그 사람에게 50분 동안 화를 낸다면 그것은 적당한 일이라고 할 수 없을 것입니다. 과도한 생각들이 생기는 이유에는 여러 가지 이유가 있을 수 있는데, 중요한 것은 이러한 생각들이 무조건 다 자아의 욕망으로부터 비롯되는 것은 아니라는 사실입니다. 그렇기 때문에 오히려 이런 부분들을 큰 문제로 여기지 않고 그대로 갖고 있는 경우도 많은 것 같습니다. 그러나 이런 과도한 적용들은 스스로를 옭아매기도 하고 타인들의 자유를 앗아가기도 합니다. 우리는 성령님께서 가르쳐 주시고 드러내 주시는 대로 우리의 과도한 생각들을 뽑아냄으로써 여러 가지 유익을 누릴 수 있을 것입니다.

6. 영적 지도자분들에게

영적 감각

우리가 변질되지 않는 것에 있어서 가장 중요한 요소가 바로 영적 감각입니다. 어떤 이유로든지 간에 우리의 영이 죽지 않고 항상 깨어 있어야 한다는 것입니다. 물론 변질되지 않기 위한 여러 가지 방법적 부분들과 안전장치들도 도움이 되는 것은 사실이지만, 말 그대로 하나의 방법일 뿐입니다. 성경을 보면 사울은 타락한 뒤에도 여전히 어느 정도의 분별력과 영적 지식을 갖고 있었던 것 같습니다. 그래서 어떤 상황에서 어떻게 해야 하는지를 알고 있었으며 심지어 어떤 기도에는 응답을 받기까지 합니다. 그런데 이미 사울의 마음은 하나님을 떠난 뒤였습니다. 또 예레미야 말씀을 보면 유다 왕 여호야긴이 죄 때문에 바벨론의 포로로 끌려갔는데, 잡혀간 지 37년 만에 석방되어서 높임을 받고 왕의 앞에서 먹었으며 그의 모든 필요가 죽을 때까지 채워졌다고 기록되어 있습니다. 그런데 제가 알기로 성경 어디에도 그가 회개했다는 내용은 본 적이 없습니다. 즉 우리가 하나님 앞에서 마음이 떠나더라도 얼마든지 사역이 잘될 수 있고, 탁월하게 사명을 감당할 수 있고, 필요한 모든 것들이 채워질 수 있고, 어떤 부분에서는 하나님의 음성도 듣고 기도 응답까지 받을 수 있다는 것입니다. 이러한 외적인 지표들은 우리가 영적으로 올바른 길로 잘 가고 있다는 사실을 보장해 줄 수 없습니다. 한번 하나님 앞에서 마음이 떠나고 어느 선을 넘게 된다면, 그 사람은 하나님의 특별한 은혜가 있기까지 영적 감각을 잃어버린 상태가 됩니다. 이렇게 되면 어떤 경우에는 과거에 중요하던 것을 더 이상 중요하게 여기지 않게 되고, 또 어떤 경우에는 지각이 마비되어 올바른 지식과 분별력 자체를 잃어버리게 됩니다. 물론 우리가 변질되는 문제에 있어서 너무나 지나친 두려움을 품는 것도 건강한 태도는 아니라고 생각합니다. 우리가 하나님 앞에서 진실하게 마음을 지키고자 한다면, 하나님께서 끝까지 우리를 붙잡아주실 것입니다. 하지만 우리는 온 역사를 통해 얼마나 많은 사람들이 영적 감각을 잃어버리고 변질의 길로 걸어갔는지를 기억해야 합니다.

당기는 원리

이것은 영적 감각과 연결되는 부분으로, 우리의 마음을 분별할 때 굉장히 중요한 원리입니다. 한 예로 저는 처음 하나님께서 이 책을 쓰라는 생각을 주셨을 때, 곧바로 책을 쓰기 시작한 것이 아니라 오히려 계속해서 그 생각을 떨쳐내려고 노력했습니다. 왜냐하면 정말 하나님께서 주신 생각이라면 끝까지 제 마음속에 남을 것이기 때문입니다. 제 마음에는 책을 쓰고 싶지 않은 게으른 마음보다 책을 써서 많은 사람들에게 인정받고, 성취욕을 느끼고 싶은 마음이 더 강하기 때문에 미혹을 받지 않으려고 반대로 당겨보는 것입니다. 만약 우리가 항상 이런 태도를 갖고 있지 않다면, 자신의 욕망으로 인해 올라온 생각을 마치 하나님께서 주신 생각인 것처럼 스스로 속이며 잘못된 길로 걸어가게 될 수 있습니다. 물론 모든 상황에서 이 원리를 적용할 필요는 없지만 우리의 마음속에 어떤 영역에 대한 욕망이 강하게 존재할수록, 그리고 하나님이 아닌 다른 것을 의지하려는 마음이 강할수록, 반대로 당기는 원리를 적용한다면 우리에게 영적으로 큰 도움이 될 수 있을 것입니다.

공동체적 안전장치

여러 선교 단체의 이야기를 들어보면, 공동체적인 결정을 할 때 대표자 혼자 결정하는 것이 아니라 리더십 전체의 만장일치로 결정한다고 합니다. 어느 한 사람이 공동체 전체의 방향을 결정하게 된다면 그만큼 권력욕에 노출되기도 쉽고, 말씀을 잘못 분별하는 바람에 곤란한 일을 겪게 될 수도 있을 것입니다. 어떤 분들은 만장일치로 결정을 하게 되면 의견이 맞지 않아서 사역이 잘 진행이 안 되거나, 혹 누군가가 악의적으로 방해를 하면 어떻게 하냐는 걱정을 하실 수도 있습니다. 하지만 우리는 원래부터 하나님께 모든 것을 맡기는 믿음이 있어야 사역을 할 수 있습니다. 극단적인 예로 한국 교회가 핍박받는 시대가 되어서 사람들이 교회로 들어와 건물을 부수어 놓는다면 어떻게 사역을 할 수 있겠습니까? 만약 어떤 교회를 통해 하나님께서 하실 일이 있다면, 누군가가 악의를 가지고 방해를 한다고 해도 하나님의 뜻은 반드시 이루어질 것입니다. 사역이 잘 진행되지 않을까 하는 두려움보다는, 우리의 마음이 잘못된 방향으로 갈까 하는 두려움에 더 비중을 두는 편이 바람직한 것 같습니다.

적당한 신뢰관계

영적 지도자와 성도들 사이에는 적당한 신뢰관계가 필요합니다. 성도들이 영적 지도자를 아예 신뢰하지 못하는 경우에는 쉽게 분열이 생기거나 말씀을 받아들이지 않는 등 여러 가지 문제가 빚어질 수 있고, 반대로 성도들이 영적 지도자를 우상화하여 과도하게 신뢰하는 경우에는 교조주의에 빠질 수 있습니다. 여기서 교조주의란, 어떤 사상을 검증 없이 무조건적으로 신봉하는 태도를 말합니다. 이렇게 되면 혹 영적 지도자가 잘못되는 경우에, 건강한 견제가 없이 모든 사람들이 잘못된 길로 함께 끌려가게 될 수 있습니다. 영적 지도자는 이런 부분에서 균형을 잡고 성도들과의 적당한 신뢰 관계를 유지할 수 있어야 합니다. 만약 자신의 말을 믿어주고 호응해 주는 것이 좋다는 이유로 성도들이 영적 지도자를 지나치게 신뢰하는 것을 내버려둔다면, 후에 심각한 문제로 다시 되돌아올 수 있습니다.

Part
6

||||||||||||||||||||||||||||||||||||||||||||||||||||||||||||||||

개인적인 간증

1. 부르심

저는 모태신앙이었지만 하나님과의 관계가 전혀 없는 삶을 살았습니다. 저의 관심사는 오로지 사람들의 인정과 재미를 추구하는 것이었기 때문에, 오랜 시간 헛된 일들에 빠져서 무의미하고 허망한 삶을 살아왔습니다. 그러던 어느 날 어머니의 권유로 성경을 하루에 1장씩 읽게 되었고, 그러다 보니 교회의 설교가 한 마디씩 들리기 시작했습니다. 그렇게 저는 점점 교회와 가까워지게 되었고, 어느새 저는 주일예배뿐만 아니라 새벽예배, 금요예배, 토요예배 등 교회에서 하는 거의 모든 예배에 참석하며 신앙이 조금씩 성장하게 되었습니다. 저는 이 간증에서 말씀과 기도의 능력에 대해 나누고 싶습니다. 제가 비록 신앙이 없는 삶을 살았지만, 어릴 적 나름대로 하나님이 아니면 설명할 수 없는 기적들을 여러 번 체험했습니다. 그런데 제가 그 기적들을 체험한 이후 몇 년 뒤에 어떤 교회에서 이런 말을 했던 것이 생각이 납니다. "하나님이 살아계신지도 잘 모르겠고, 어떻게 살아야 할지도 잘 모르겠다." 제가 지금 기억하기에도 제 인생에서 하나님이 아니면 도무지 설명할 수 없는 기적을 경험한 것만 최소 3번은 되는 것 같은데, 당시에 제가 어떻게 이런 말을 할 수가 있었을까요? 그것은 우리의 믿음이 기적이나 체험에 속한 것이 아니라 능력에 속한 것이기 때문입니다. 말씀과 기도는 영적으로 우리의 양식과 호흡 같아서 말씀과 기도가 없으면 우리는 영적으로 아무것도 할 수 없게 됩니다. 하나님께서 제게 말씀과 기도에 대해 가르쳐 주실 때를 생각해 보면, 어떤 상황에서도 날마다 정해진 시간을 지키도록 저를 훈련시키셨던 것 같습니다. 평일에는 매일 5시간~5시간 반 정도만 잘 수 있는 상황에서 아침저녁으로 1시간씩 기도하는 것은 쉽지만은 않은 일이었습니다. 어떤 때는 겨울 아침에 추운 날씨임에도 불구하고 너무 잠이 와서 일어서서 기도를 하는데, 그래도 계속 졸음이 쏟아져서 스스로 뺨을 때리기도

하고 걸어 다니면서 졸음을 깨워가며 기도하던 때도 있었습니다. 또 저녁에 1시간 기도하는 것을 타협하면 1시간을 더 잘 수 있는데, 유혹을 뿌리치고 그 시간을 지키는 것도 만만치 않은 일이었습니다. 그런데 지금 그 시기를 돌아보면, 비록 힘들었지만 하나님께서 저의 믿음의 뿌리를 깊게 내려주시는 시간이었던 것 같습니다. 말씀과 기도는 하나님께서 우리의 영적 "생명"을 지키도록 주신 도구입니다. 한국교회가 말씀과 기도를 생명과 같은 농도로 붙잡을 수 있게 되길 기도합니다.

2. 회심

제가 처음 신앙생활을 시작했을 때, 저의 삶은 온갖 문제 투성이였습니다. 그러던 어느 날, 저는 인터넷에서 지옥과 관련된 어떤 글을 보게 되었습니다. 그 글에는 지옥이 어떤 곳인지가 적나라하게 묘사되어 있었는데 글을 보며 저는 두려움에 사로잡히게 되었고, '내가 지금 지옥 뚜껑을 밟고 있는데, 하나님이 뚜껑만 치우시면 나는 저 끔찍하고 영원한 지옥 불에 들어가겠구나'라는 생각이 들었습니다. 그래서 저는 곧장 기도실로 달려가서 하나님께 살려달라고 기도를 하기 시작했습니다. 그리고 그때쯤이 제 삶에 본격적으로 큰 변화가 일어나기 시작한 때였던 것 같습니다. 저는 그때, 하나님을 사랑해서가 아닌 단지 지옥에 가기 싫어서 살려달라고 부르짖는 죄인을 위해 하나님께서 이미 아들 예수님을 십자가에 보내주셨다는 사실을 깨달았습니다.

> 하나님의 사랑이 우리에게 이렇게 나타난 바 되었으니 하나님이 자기의 독생자를 세상에 보내심은 그로 말미암아 우리를 살리려 하심이라 사랑은 여기 있으니 우리가 하나님을 사랑한 것이 아니요 하나님이 우리를 사랑하사 우리 죄를 속하기 위하여 화목 제물로 그 아들을 보내셨음이라 (요일 4:9~10)

3. 말씀 배우기

예수님을 만난 뜨거운 감격에, 저는 무슨 일이든 닥치는 대로 순종하려고 했던 것 같습니다. 어떤 때는 중보기도를 통해 영혼들이 살아난다는 말씀을 단순하게 받아들여서, 한 영혼이라도 더 살리기 위해 최대한 적게 자고 1분이라도 더 중보기도를 많이 해야겠다는 생각이 들었습니다. 그래서 새벽까지 잠을 1분이라도 줄여가면서 남는 시간에 열심히 중보기도를 했던 적도 있었습니다. 또 한 번은 말씀에 목숨을 걸어야 한다고 하는데, 어떻게 하면 실제로 목숨을 걸 수 있을까 하는 생각에 또다시 잠을 줄여야겠다고 생각했습니다. 그래서 당시 유행했던 미라클 모닝에 도전하며 하루 4시간씩 자려다 도전에 실패해 본 적도 있습니다. 제가 이런 여러 가지 시행착오를 거치는 동안, 하나님께서는 말씀에 순종한다는 것이 어떤 의미인지를 제게 하나하나 가르쳐 주셨던 것 같습니다. 저는 이 시간을 통해 우리가 하나님을 믿는 것은 인간의 의지로 되는 것이 아니라 우리가 하나님 안에 거할 때, 하나님께서 모든 일을 이루어가신다는 것을 배우게 되었습니다. 저는 원래 믿음의 성장이 제가 의지를 써서 노력하는 만큼 이루어진다고 생각했습니다. 물론 여기에는 침노라는 관점에 대한 논의의 여지가 있을 수 있겠지만, 제가 여기서 강조하고 싶은 부분은 믿음이라는 것이 마치 세상 일처럼 내가 의지를 써서 노력해야 하는 게 아니라는 것입니다. 우리는 그저 모든 것을 하나님께 맡기고, 그분 안에 거하기를 힘써야 합니다.

4. 자기를 부인하기

어느 날부터인가 하나님께서 저를 점점 낮추시는 것을 느낄 수 있었습니다. 당시 저의 신앙의 동기는, 물론 하나님을 만난 감격도 있었지만 여러 가지 불순물들이 더해져서 겉으로는 더욱 뜨겁게 하나님의 말씀에 순종하는 것처럼 보였던 것 같습니다. 하나님께서는 어떤 수단을 통해 저의 수치스러운 부분들을 사람들에게 계속해서 공개하길 원하셨고, 또 어떤 때는 완전히 멸시를 받는 것 같은 상황에 놓이기도 하고, 너무나 자존심이 상하는 상황들 또한 반복해서 마주해야 했습니다. 그리고 하나님께서는 그 과정 가운데 저의 마음을 점점 정결하게 다루어가셨습니다.

5. 하나님의 인도하심 경험하기

저는 어느 순간부터 하나님께서 제 삶을 섬세하게 인도해가신다는 것을 느낄 수 있었습니다. 작은 걸음도 막으실 때가 있다는 것을 알게 되었고, 영혼들을 섬길 때도 하나님께서 저를 통해 그들에게 말씀하시는 것 같은 느낌을 받았습니다. 그러나 그때는 그것이 하나님의 인도하심이었다는 것을 알지 못했습니다. 하나님께서는 계속해서 여러 사람을 통해 그리고 여러 설교를 통해 하나님의 인도하심을 받는다는 것이 무엇인지를 배우게 하셨고, 예수님께서도 그렇게 사셨을 뿐만 아니라 수많은 믿음의 사람들이 같은 길을 걸어왔다는 것을 보게 되었습니다. 그리고 동시에, 안타깝지만 수많은 한국교회가 이 영역에 대해 얼마나 무지한지도 보게 해 주셨습니다. 어떤 사람은 이 일을 직통계시라 말하고, 어떤 사람은 특별한 일이라고 말하는 등 많은 사람들이 성령님의 가르치심을 받기보다는 진리에 대한 각자만의 생각과 해석을 가지고 서로 다른 복음을 외치는 모습을 보게 되었습니다. 물론 한국교회에서도 이 길을 걷고 있는 분들이 간혹 계시지만, 아직 영적인 눈을 뜨지 못한 수많은 길 잃은 영혼들이 있습니다.

깊은 영성에 관하여

1. 깊은 영성에 관하여

생소한 메시지

어떤 분들은 깊은 영성과 관련된 메시지들이 익숙하지 않고 이질감을 느끼시는 분도 계실 것입니다. 저는 그 이유 중하나가, 기존의 많은 한국교회가 가톨릭 성인들의 가르침을 외면했기 때문이라고 생각합니다. 가톨릭에서도 예수님을 너무나 사랑하고 예수님과 깊이 연합했던 사람들이 많이 있습니다. 그런데 어떤 분들은 마치 가톨릭은 다 이단이라거나 혹은 기독교보다 한 수 낮은 짝퉁 종교인 것으로만 생각하시는 것 같습니다. 아마도 여기에는 마리아 숭배나 종교개혁

당시 가톨릭의 면죄부 판매 등 종교권력 남용에 대한 부분들이 큰 영향을 끼치지 않았나 생각됩니다. 물론 그러한 가르침과 행태들은 명백히 잘못된 것들이지만 마치 현재 한국교회 안에도 교리를 왜곡시켜 종교 장사를 하는 사람들이 있고 건강한 신앙인들이 있는 것처럼, 가톨릭 안에서도 잘못된 가르침들을 거부하고 예수 그리스도와 깊이 연합하기를 추구했던 사람들이 많이 있었습니다. 제 개인적인 생각으로는 기독교의 기본 교리의 측면에서는 현재 한국교회가 그나마 건강하게 잘 정립되어 있다고 생각하지만, 깊은 영성의 측면에서는 오히려 한국교회가 기존 가톨릭 성인들의 전통적인 가르침을 받아들이는 것이 좋다고 생각합니다. 그리고 저는 그동안 한국교회가 가톨릭의 가르침을 받아들이지 않은 것이 무조건 다 잘못됐다고만 말하고 싶지 않습니다. 어떤 분들에게는 잘못된 가르침과 이단으로부터 교회를 철저하게 보호하려는 노력이었을 것이고, 또 실제 그로 인해 성도들에게 적잖은 유익이 있었을 거라 생각합니다. 이러한 노력들 때문인지 그래도 현재 한국에서 삼위일체 교리와 예수 그리스도로 말미암는 구원과 성령님의 내주하심 등의 기본적인 교리에 대해 쉽게 딴지를 걸 수 없는 분위기가 있다는 것에 진심으로 감사합니다. 하지만 제가 바라는 것은 한국교회가 조금 더 넓은 시야를 가지고 어떤 사안들을 신중하게 분별하여서, 배척할 것은 철저하게 배척하되 받아들일 것은 받아들일 수 있는 지혜가 있었으면 하는 바람입니다.

순전함을 향하여

하나님은 왕이십니다. 그런데 여러분은 하나님께서 왕이시기 때문에 사랑하십니까, 아니면 그냥 그분을 사랑하십니까? 우리가 이 땅에서 끊임없이 그리스도와 연합한다면 천국에서 엄청난 영광을 누리게 될 것입니다. 그리고 우리가 그것을 생각하며 이 땅에서 고난을 견디는 것은 결코 잘못된 일이 아닙니다. 그러나 우리는 하나님을 더 순전하게 사랑하기 위해 그러한 생각조차 포기하고, 그저 그분만을 사랑할 수 있습니다. 우리의 마음이 죄와 불순물로부터 정화되는 것을 넘어서서, 합당하게 누릴 수 있는 것들조차 포기할 수 있다는 것입니다.

영혼의 어두운 밤

저는 영혼의 어두운 밤을 지나며 과거에 주님을 위해 버렸던 것에 대한 통제력을 잃는 것을 경험했습니다. 이것은 단순히 죄에서 벗어났다가 다시 똑같은 죄에 타협하여 넘어지게 된 것과는 전혀 다르며, 또 어떤 불순물이 정화되는 가운데 자신의 실제 믿음의 단계가 드러나게 된 것과도 다릅니다. 이 과정 가운데 제게 첫 번째로 드러나게 된 것은 스스로가 원했던 자아상이었습니다. 이것은 진정으로 하나님을 사랑하는 마음이 아니라 하나님을 멋있게 사랑하는 자신의 모습에 대한 자아 추구입니다. 그리고 제 안에 이러한 숨은 동기들이 하나씩 무너지면서, 제가 원래 말씀대로 잘 지키고 있었던 다른 영역들까지 함께 무너지게 되었습니다. 우리와 하나님과의 관계의 깊이는 마치 수학처럼 정확한 수치로 실존합니다. 그래서 이런 정화의 과정들을 지나며 우리 안에 있던 신앙의 숨은 동기가 사라지게 되면, 우리가 믿음을 사용하는 힘도 그에 맞게 자연히 약해지게 됩니다. 두 번째는 보람 있는 삶에 대한 자기만족입니다. 마치 식욕 자체가 잘못된 것은 아니지만, 식탐은 죄가 되는 것과 마찬가지로, 하나님 안에서 건강하게 보람을 느끼는 것과 자기만족은 반드시 분리가 되어야 합니다. 그래서 저는 영혼의 어두운 밤을 통해 아무런 의미 없는 시간들을 보내며 이러한 불순물들이 분리되는 시간을 갖게 되었습니다. 세 번째는 하늘 상급에 대한 기대입니다. 물론 우리가 천국에 가면 분명히 하늘의 상급이 주어질 것입니다. 그런데 문제는 우리 안에 하늘 상급을 우상으로 삼는 마음이 있다는 것입니다. 깨끗한 마음으로 순종하는 자에게 하나님께서 복을 주시는 것과 기복 신앙은 완전히 다른 것처럼, 하늘 상급도 마찬가지입니다. 우리가 오직 하나님만을 갈망하고 원했더니 하나님께서 상급도 주시는 것과, 하늘 상급 자체에 대한 추구는 완전히 다른 것입니다. 저는 영혼의 어두운 밤을 지나며 제 안에 이런 마음들이 숨어있었다는 것을 발견했습니다. 저의 신앙의 동기 속에는 내가 혹시 실수를 해서 하나님께서 기뻐하지 않으실까 하는 두려움도 있었지만, 동시에 하늘에서 받게 될 나의 상급이 줄어들까 하는 두려움도 함께 있었던 것입니다. 네 번째는 고난입니다. 앞서 말씀드린 것처럼 저는 영혼의 어두운 밤에 아무런 의미 없는 시간들을 보내며 건강한 정신 상태를 유지할 수가 없었고, 사랑의 고통들과 상상할 수 없는 비참함들을 겪었으며, 지금도 영혼의 어두운 밤을 지나고 있습니다. 흔히 한국 교회에서는 영혼의 어두운 밤을 단순히 "정신적 고통", "광야", "믿음의 시련", "인생에서 앞이 캄캄하고 어두운 시간"등으로만 해석하곤 하는데, 물론 그 해석 자체가 완전히 다 틀렸다고 말할 수는 없겠지만 영혼의 어두운 밤은 그렇게 가볍게만 다뤄질 수 있는 부분이 아닙니다.

2. 고난에 대하여

고난의 특수성

고난을 갈망하는 영적 단계는 여러 영적 성장의 단계 중 가장 높은 단계입니다. 또한 그 단계에서 겪는 고난을 통해 우리는 영적으로 가장 빠르게 성장할 수 있습니다. 이 주제는 영적으로 꽤 많은 성장을 이루신 성도님들의 경우라면, 한 번 깊이 고민해 볼 법한 주제입니다. 이제 성도님들의 삶에서 점점 여러 가지 우상들은 힘을 잃어가고, 승리를 경험하며, 하나님과의 관계 가운데서 누리는 기쁨은 점점 더 커지는데, 어느 자리에서 하나님을 더 깊이 사랑할 수 있겠습니까? 물론 하나님 안에서 승리를 맛보고 기쁨을 누리는 것이 잘못되었다고 말하는 것은 아닙니다. 하지만 정말 하나님을 더 깊이 사랑하고 싶다면, 그에 맞는 최적의 자리는 바로 고난의 자리입니다.

고난의 증인

저는 원래 굉장히 겁이 많고 멘탈도 약한 사람입니다. 원래 타고나기를 심성 자체가 약하게 태어난 데다, 저의 삶에서 힘든 고비들이 오면 항상 회피하며 살아왔기 때문에 두려움을 극복하고 멘탈이 강해질 기회가 거의 없었던 것 같습니다. 그런데 주님을 만나고 난 뒤에 제 삶은 많이 달라졌습니다. 약한 멘탈이 갑자기 강해지거나 겁이 많은 성격 자체가 사라진 것은 아니었지만 하나님의 뜻에 순종하고자 제 인생에서 한 번도 시도해 본 적 없던 무모한 일들도 여러 번 시도해 보고, 살면서 어떤 분야에서도 내본 적 없던 열심을 가지고 하나님을 사랑하려고 힘써왔던 것 같습니다. 그러던 어느 날 하나님께서 제 삶에 고난을 허락하기 시작하셨습니다. 물론 이전에 신앙생활을 할 때에도 자아가 죽는 훈련과 크고 작은 고난들이 계속 있었지만, 이 고난은 이전에 겪었던 것들과는 아예 차원이 다른 고난이었습니다. 끊임없이 반복되는 고난을 겪으며 이제 더는 못 하겠다는 생각을 수도 없이 했고, 비참함과 불행함을 경험했습니다. 고통이 심할 때는 제가 지옥에 있는 것처럼 느껴질 때도 많았습니다. 그리고 저는 깊은 영성의 길을 걸어가고 있기 때문에 앞으로도 제 삶에는 끊임없이 고난이 반복될 예정입니다. 하지만 저는 이 모든 것이 두렵지 않습니다. 물론 끊임없는 담금질의 과정 속에서 저의 믿음의 연약함으로 인해 넘어지고 부서지는 과정이 있을 수도 있겠지만, 그 역시 두렵지 않습니다. 하나님께서 제가 처절하게 부서지는 과정을 허락하신다고 해도 그 모든 과정을 다 받아들일 것입니다. 깊은 영성의 모습에는, 어떤 분들이 생각하시는 것처럼 모든 어려움을 담대하게 극복하고 믿음으로 승리하는 영웅적인 모습만 있는 것은 아닙니다. 예수님께서는 십자가를 지시기 전날 밤, 처절하게 두려워하시며 괴로워하셨습니다. 흠이 없고 죄가 없는 하나님의 아들이신 예수님마저도 흔히 생각하는 "영웅적인 승리자"의 모습이 아닌 "처절한 고난의 증인"이셨다는 것입니다. 여러분이 지금까지 생각하셨던 깊은 영성은 어떤 모습이었습니까? 만약 여러분이 정말 깊은 영성을 꿈꾸고 있다면 그리스도를 위한 처절한 고통과 두려움, 수치와 비참함을 꿈꾸고 있는지 아니면 단순히 온화해진 자신의 성품, 믿음 좋은 조언자가 되는 것, 갈수록 행복과 기쁨이 넘치는 삶, 고통을 쉽고 넉넉하게 이기는 여유 등을 꿈꾸고 있는 것인지를 돌아봐야 할 것입니다.

Part
8

다음 세대를 향한 비전

1. 더 이상 피 흘리지 않는 개혁

개혁을 한다는 것은 필연적으로 기존의 패러다임과의 충돌을 의미하는 것 같습니다. 개혁이라는 말 자체에 새롭게 뜯어고친다는 의미가 담겨있기 때문입니다. 그런데 원래 개혁이라는 말에는 꼭 "잘못된 것"을 뜯어고친다는 의미만 있는 것 같지는 않습니다. 우리는 하루에도 몇 번씩이나 실수를 하고, 어떤 것을 잘못 판단하기도 하고, 때로는 하나님과의 관계가 멀어지기도 합니다. 그래서 우리는 작은 의미에서 매일 매 순간 개혁이 필요한 사람들입니다. 우리가 넘어졌을 때 성령님께서 위로와 책망을 통해 다시 일으켜주심이 필요하고, 어떤 것을 잘못 판단했을 때 한 쪽으로 치우친 부분을 성령님께서 다시 바로잡아주심이 필요합니다. 그리고 이것은 교회적, 시대적인 부분에서도 마찬가지입니다. 우리는 인간이기 때문에 아무리 영적 지도자라 할지라도 실수하거나 넘어질 수 있고, 또 어떤 경우는 꼭 누군가의 실수 때문이 아니라 변화되는 시대의 흐름에 맞춰서 교회가 개혁을 해야 하는 경우도 있을 것입니다. 즉 원래 개혁이라는 것 자체가 그렇게 많은 충돌을 필요로 하는 심각한 것이 아니라는 것입니다. 그런데 많은 세대에서 교회가 개혁을 하려고 할 때 왜 그렇게 많은 충돌이 일어나야만 했습니까? 그것은 교회가 성령님의 음성에 귀를 기울이지 않았기 때문입니다. 극단적인 예로 어떤 교회가 하나님 앞에 단체로 죄를 지었다 해도, 성령님의 음성을 듣고 회개한다면 그곳에는 "피 흘리지 않는 개혁"이 일어날 수 있습니다. 지금 한국교회도 마찬가지입니다. 인간은 무지하기 때문에 얼마든지 어느 한 쪽으로 치우치는 일이 있을 수 있고, 그저 우리가 성령님의 음성을 들을 수 있는 부드러운 마음만 있다면 개혁은 쉽게 일어날 수 있습니다. 하지만 제가 조심스럽게 추측해 보건대, 지금 이 시대에는 피 흘리는 개혁이 필요할 것 같다는 생각이 듭니다. 안타깝지만 너무나 많은 사람들이 성령님의 음성을 듣지 못하고 자신의 생각 속에 갇혀있기 때문입니다. 그러나 믿음으로 다음 세대를 향한 비전을 제시해 본다면, 피 흘리는 개혁은 저의 세대까지였으면 좋겠습니다. 이 땅에 진정한 개혁이 일어나서 올바른 진리가 자리 잡히게 되고, 많은 성도님들이 성령님의 음성을 듣는 귀가 열리게 된다면 그 이후에 일어나는 개혁은 비교적 아주 수월하게 진행될 수 있을 것입니다.

맺음말

이 책을 쓸 수 있도록 지혜를 주신 주님께 감사드
립니다. 모든 영광은 오직 주님의 것입니다. 믿음의
유산을 물려주신 외할머니와 부모님, 그리고 제가
주님을 만나기 전부터 오랫동안 저를 위해 기도해
주신 가족 친척 분들과 몇 분의 목사님들께 감사드
립니다. 마지막으로 저의 가장 친한 친구이자 믿음
의 동역자인 아내에게 늘 감사합니다.

본질의 회복

1판 1쇄 발행 2026년 4월 2일
지은이 리커버리 처치

편집 이승빈   **펴낸곳** (주)하움출판사   **펴낸이** 문현광

이메일 haum1000@naver.com   **홈페이지** haum.kr
블로그 blog.naver.com/haum1000   **인스타** @haum1007

ISBN 979-11-7374-366-5(03230)

좋은 책을 만들겠습니다.
하움출판사는 독자 여러분의 의견에 항상 귀 기울이고 있습니다.
파본은 구입처에서 교환해 드립니다.